U0148986

文史哲學集成

何寄澎著

典範的遞承

——中國古典詩文論叢

文史哲出版社印行

國家圖書館出版品預行編目資料

典範的遞承：中國古典詩文論叢 / 何寄澎著. --
初版. -- 臺北市 :文史哲, 民91
面; 公分. -- (文史哲學集成 ; 457)
含參考書目
ISBN 957-549-425-3 (平裝)

1.中國文學 － 評論

820.7 91005097

文史哲學集成 ㊼

典範的遞承:中國古典詩文論叢

著　者：何　寄　澎
出版者：文　史　哲　出　版　社
http://www.lapen.com.tw
登記證字號：行政院新聞局版臺業字五三三七號
發行人：彭　正　雄
發行所：文　史　哲　出　版　社
印刷者：文　史　哲　出　版　社
臺北市羅斯福路一段七十二巷四號
郵政劃撥帳號：一六一八〇一七五
電話886-2-23511028・傳真886-2-23965656

實價新臺幣 三四〇元

中華民國九十一年(2002)三月初版

ISBN 957-549-425-3

典範的遞承：中國古典詩文論叢　目次

自序

本書所收論文都是我個十年對古典文學的一些觀想心得，嚴格說，是十年中前五年的研究成果。近五年來，我把研究的焦點移至臺灣當代散文，頗有所思所感，卻尚待蘊釀成文；古典的關懷因之暫時封鎖於心靈的一隅，不過，我清楚的知道，古典的嚮往，無時不在，歸返的路隨時可以啓程。

這十篇論文，看似缺乏嚴整系統，實則非無脈絡可尋：論韓、論柳、論蘇、論朱子、論元好問，基本上是唐宋古文相關課題的探討，而論晚明小品也仍屬此種探索的延伸思考，賡續了昔日《北宋的古文運動》（台北：幼獅文化公司，一九九二）《唐宋古文新探》（台北：大安出版社，一九九〇）的研究路徑；論悲秋、論元和詩歌、論靜農師的文學史書寫等，則緣於長年講授中國文學史的體會，企圖呈現文學大傳統中各個「小傳統」的面貌以及我個人對「文學史書寫」的看法。進一步言，前者除論柳之山水遊記及論蘇〈赤壁賦〉外，皆非個別作者或作品的「單一」探討，乃更牽涉形成文學「發展」「變遷」之各種因素的抉發，富有「文學史意義」，故與後者實具本質上的相通相契——而此又非偶然——蓋長年以來，我個人最感興趣的課題恆常是那些影響文學發展變遷的「關鍵」——這其中包括了：作者心靈、思考的變化與自我定位；作品取徑的寬狹歧正與因襲創新；以及社會價值與時代風氣的規範導引、刺激生發。

事實上，這些關乎作者、作品、社會、時代的種種關鍵環節，當其跨越時空的阻隔，相互綰合、銜接、遞進、轉化，文學的傳統於焉形成，文學的典範從而樹立。從這個角度去看，本書諸篇所論，清晰地呈現我個人的心情懷抱：畢竟，論韓以詩為文、論蘇傳記文、論韓歐古文心法與元好問碑誌文、論晚明小品、論元和詩歌美學風格之變易、論悲秋等等，莫不汲汲探尋著古典文學兩大主軸——詩、文發展中各「傳統」的形塑，同時追索其間分別所具有的「典範」意義。本書所以題稱「典範的遞承」，無非緣此而來。

諸篇論見雖然自信不乏新意，宜有可觀，但十年中寥寥如此，則旁騖疏漫，無可諱言；愧怍之情，難以形容；就當作是自我的一次反省、一種惕勵吧！世紀流轉，前程尚遠，重新束裝就道，懃懃懇懇於博大深厚之古典傳統中繼續莊嚴的探索，乃是此生不悔的心志。

何寄澎　謹　誌

二〇〇二年三月一日

悲　秋
──中國文學傳統中時空意識的一種典型──

一、前言

在中國綿延不絕的文學傳統裡，「悲秋」之作可謂無代無之，而且被此之間隱然自為傳承、自成系統，故謂悲秋文學為中國文學傳統中之一種重要類型，殆非過論。透過這些作品，我們可以了解中國人對時間、空間所懷具的一種特殊鮮明意識；也可以了解中國人在面對人與自然關係的思考時所慣用的一特殊思維方式；更可以體認到傳統士大夫在現實世界裡幾乎無可避免，必然遭遇挫折的一種宿命性的感傷。如果說「抒情言志」是中國文學的一項重要特質，而「感傷」又是這項特質的一種重要基調，那麼「悲秋文學」就為這項特質、這種基調做了最具體而深刻的見證。本文分別就悲秋原型之樹立、悲秋內涵之擴展、以及悲之轉化等三方面試加探討，藉以呈現「悲秋文學」形成與發展之樣貌，同時略析前述有關時空意識、思維方式、宿命性感傷等各項相關意義。

二、原型之樹立——宋玉〈九辯〉

《詩》三百篇中無悲秋之作品，悲秋之例實始見於《楚辭》。①屈原〈離騷〉有云：「日月忽其不淹兮，春與秋其代序。惟草木之零落兮，恐美人之遲暮。」〈九歌・湘夫人〉則云：「嫋嫋兮秋風，洞庭波兮木葉下。」二者皆有悲秋之意，然爲例不多，殆屬一時情興。宋玉〈九辯〉則不然。其發端即云「悲哉秋之爲氣也」，直揭「悲秋」，且通篇俱以此種情懷貫串；而就後世悲秋作品驗之，大抵亦在宋玉籠罩之下，故悲秋之原型，非宋玉〈九辯〉莫屬。〈九辯〉有云：

悲哉秋之爲氣也，蕭瑟兮草木搖落而變衰。憭慄兮若在遠行，登山臨水兮送將歸。泬寥兮天高而氣清，寂寥兮收潦而水青。憯悽增欷兮薄寒之中人。愴怳懭悢兮去故而就新，坎廩兮貧士失職志而不平。廓落兮羈旅而無友生，惆悵兮而私自憐。燕翩翩其辭歸兮，蟬寂漠而無聲。鴈廱廱而南遊兮，鵾雞啁哳而悲鳴。獨申旦而不寐兮，哀蟋蟀之宵征。時亹亹而過中兮，蹇淹留而無成。

其下又云：

顏淫溢而將罷兮，柯彷彿而萎黃。萷櫹槮之可哀兮，形銷鑠而瘀傷。……歲忽忽而遒盡兮，恐余壽之弗將。

四時遞來而卒歲兮，陰陽不可與儷偕。……歲忽忽而遒盡兮，老冉冉而愈弛。

根據這些文字，顯然宋玉感秋而悲的心緒，來於其時間意識與空間意識融合之作用。草木搖落而變衰的秋景，見證了宇宙生命由盛而衰的必然軌跡，宋玉乃因這樣衰颯的秋景意識到肉體生命的漸趨銷亡——這是空間意識的作用；而秋之來臨亦暗示了一歲之將盡，宋玉亦因秋所揭示的時間流逝，體認到自我生命的漸近結束——這是時間意識的作用。總而言之，無論是空間所呈現的衰颯景象或歲暮所代表的時間意義，它們都一致的促使宋玉驚覺到自我生命的衰逝與一去不返。

不過如果我們因此認定宋玉所悲的終極點是一種單純對生命消失的恐懼，則恐怕所見猶淺。蓋前揭文中有句：「時亹亹而過中兮，蹇淹留而無成。」以及〈九辯〉內不斷重複的相似旨意：「悼余生之不時兮，逢此世之俇攘。」「無伯樂之善相兮，今誰使乎譽之？」因不遇所造成的一事無成或許才是宋玉所耿耿於懷的吧？換言之，對生命消失的悲感其實是懼怕自己因來日無多，致得遇知音、得展長才的機會愈來愈少。它不是那種純粹對死亡恐懼的心理，乃是一種對自我生命價值落空的悲憾。在這裡，宋玉接續了屈原〈離騷〉的精神，〈九辯〉「悲秋」的中心主題其實是「悲士不遇」。然而即便如此，〈九辯〉還是樹立了由時、空意識所主導的悲肉體衰亡、生命流逝的「悲秋」典型。

宋玉的這種時空意識乃視人類生命具有不可逆性(irreversibility)——它跟宇宙自然時空的往復性絕然不同。春秋代序，草木更榮，人類的生命卻是一去不回的。其次，宋玉睹物以興情，把自然（秋）與人文（死）匯通，這種天人共感的思維方式又分明見證了其爲「興」式的思維方式。這種思維方式其實是中國古代普遍常見的思維方式，②它並不必然形成文學的感傷氣質，③但一旦加上了不可逆的「時空意識」，就確定了感秋文學的悲傷氣質。

〈九辯〉中所流露的「悲」感，除上述之外，尚有羈旅飄泊、孤寂無友之傷。不過我們細審〈九辯〉，可以發現這二種悲感仍屬其「不遇」之投射：蓋因不遇而致長年羈旅，亦因不遇所以無友孤寂。換言之，後世悲秋也許僅因單純羈旅或孤寂的感傷，宋玉的〈九辯〉則畢竟回歸於其無成不遇之憾恨。

總結而言，宋玉的〈九辯〉樹立了睹秋景之衰、感日月之逝而覺形體衰敗、年邁將盡的悲秋模式。其比較特殊的是，由於接續屈子「不遇」的悲慨，故其悲秋的「時空意識」不是第一層面的恐懼死亡，乃是更深一層的恐懼不遇、恐懼無所用——這多少反映了他生命的「積極」意識，同時也抉發了傳統士人幾乎一致的命運——不遇與無所用竟成傳統士人心中永不能解的哀傷。

三、內涵之擴展

宋玉以後，感秋而悲不遇的作品亦所在多有，如晉・左思〈雜詩〉：

秋風何冽冽，白露爲朝霜。柔條旦夕勁，綠葉日夜黃。……高志局四海，塊然守空堂。壯齒不恆居，歲暮常慨慷。

即是好例；惟因個人特殊才性，故多一層剛健之氣。晉・劉琨〈重贈盧諶〉大略同之：

> 功業未及建，夕陽忽西流。時哉不我與，去乎若雲浮。朱實隕勁風，繁英落素秋。狹路傾華蓋，駭駟摧雙輈。何意百鍊剛，化爲繞指柔。

此外如陳・江總〈秋日登廣州城南樓〉：「塞外離群客，顏鬢早如蓬。徒懷建鄴水，復想洛陽宮。不及孤飛雁，獨在上林中。」隋・袁朗〈秋夜獨坐〉：「枯蓬惟逐吹，墜葉不歸林。如何悲此曲，坐作白頭吟。」唐・杜甫〈詠懷古跡五首〉之二：「搖落深知宋玉悲，風流儒雅亦吾師。悵望千秋一灑淚，蕭條異代不同時。」唐・許渾〈洛中秋日〉：「故國無歸處，官閒憶遠遊。吳僧秣陵寺，楚客洞庭舟。久病先知雨，長貧早覺秋。壯心能幾許？伊水更東流。」以及宋・陸游〈南軒〉：「今年秋早涼，七月已蕭然。……推枕起太息，四序忽已遷。功名墮渺茫，衰疾方連綿。」等等，都寓有不遇的悲秋情懷。

然而悲秋的內涵隨著文學的自然發展，以及各個心靈感知的不同，遂漸漸擴大。惟其漸漸形成豐富的多面性乃能成爲傳統文學中的一種重要類型，擔負起呈現各式各樣感傷的功能。但在討論悲秋內涵的各種擴大面貌以前，對那些延續宋玉所開啓的基本悲秋模式（即「睹秋景之衰、感日月之逝而覺形體衰敗、年壽將盡」）的作品理應略予交代。相傳爲漢武帝所作的〈秋風辭〉是其中最早的一篇：「秋風起兮白雲飛，草木黃落兮雁南歸。……簫鼓鳴兮發棹歌，歡樂極兮哀情多，少壯幾時兮奈老何！」物質享受無限豐美，權勢高貴集於一身的帝王也還是不能挽留住時間、挽留住盛年、挽留住歡樂。終將衰老的不安感不斷迫近，無法逃避，終於在目睹秋風吹散白雲，草木黃落雁歸的秋景中，宣洩出對年華老去，生命消逝的恐慌。其後，晉・夏侯湛〈秋夕哀賦〉有云：「秋夕兮遙長，哀心兮永傷。……玉機兮環轉，四運兮驟遷。銜恤兮迄今，忽將兮涉年。日往兮哀深，歲暮兮思繁。」晉・湛方生〈秋夜賦〉亦云：「悲九秋之爲節，物凋悴而無榮。嶺頹鮮而殞綠，木傾柯而落英。履代謝以惆悵，睹搖落而興情。……凡有生而必凋，情何感而不傷。」都是相同情調。

入唐以後，王維〈秋夜獨坐〉：「獨坐悲雙鬢，空堂欲二更。……白髮終難變，黃金不可成。欲知除老病，惟有學無生。」韓愈〈秋懷詩〉：「窗前兩好樹，衆葉光薿薿。秋風一披拂，策策鳴不已。……天明視顏色，與故不相似。羲和驅日月，疾急不可恃。浮生雖多途，趨死惟一軌。胡爲浪自苦，得酒且歡喜。」白居易〈秋懷〉：「……涼風從西至，草木日夜衰。……感物私自念，我心亦如之。安得長少壯？盛衰迫天時。人生如石火，爲樂長苦遲。」也還是悲老傷逝的情懷。即使曠達如蘇軾，其〈秋懷〉詩云：「……及茲遂淒凜，又作徂年悲。……物化逝不留，我興爲嗟咨。便當勤秉燭，爲樂戒暮遲。」依然顯示了年逝一年，肉身老去的悲傷。至於提倡及時行樂，不過是更突顯他們對生之眷戀以及對死之恐懼罷了。④

很顯然的，宋玉所樹立的悲秋典型，無論基本模式的「傷老」或更深一層的「無成不遇」，在後世都代有繼者，構成中國文學傳統中最主要的「悲秋」風格。

現在我們來看看「悲秋」內涵的擴展。

首先是羈旅飄泊的感傷。魏・曹丕〈雜詩〉：「漫漫秋夜長，烈烈北風涼。……俯視清水波，仰看明月光。……鬱鬱多悲思，綿綿思故鄉。願飛安得翼？欲濟河無梁。向風長歎息，斷絕我中腸。」隋・陳子良〈入蜀秋夜宿江渚〉：「山陰黑斷磧，月影素寒流。故鄉千里外，何以慰羈愁？」唐・劉方平〈秋夜泛舟〉：「歲華空復晚，鄉思不堪愁。西北浮雲外，伊川何處流？」宋・朱弁〈秋夜〉：「爲月憐此夜，誰共千里光？空令還家夢，欲趁征鴻翔。」都描繪思鄉的情緒。這種情緒感秋而發，基本上偏屬「時間意識」之作用，蓋緣於對歲月流逝的焦慮——無論是水也好（「俯視清水波」、「伊川何處流」）；是月也好（「仰看明月光」、「爲月憐此夜」）（而「月影素寒流」則兼水、月），都無情地不斷提示詩人對「時間」的警醒與自覺——來日苦短、去日苦多，怎可任由羈旅飄泊的不安成爲生命唯一的面貌？但傳統仕宦中的士，命運原不操在自己手裡，羈旅飄泊式的悲秋，也無非見證他們深深的無奈罷了。

而當我們體認到傳統仕宦中的士，其羈旅飄泊的境遇往往來於外在力量（統治者）的摧迫時，我們便敢於斷定，這種羈旅飄泊的感傷必有若干成分含藏著無成的苦悶，甚或根本來之於這無成的悲哀——如宋玉之〈九辯〉。宋・柳永〈八聲甘州〉：「不忍登高臨遠，望故鄉渺邈，歸思難收。歎年來蹤跡，何事苦淹留？」的羈旅之情仍得溯自其志意落空、事業無成的悲感。⑤而晚唐・劉威〈旅中早秋〉「莫問生程事，飄然沙上蓬。」以及元・周權〈秋日〉：「客行迢遞歸心遠，煙火蒼茫起暮程。」明・高啓〈秋日江居寫懷〉：「終臥此鄉應不憾，只憂飄泊尙難安。」等，內中也似乎都有相同的情調。

其次則孤棲懷人之悲慨。唐・王維〈奉寄韋太守陟〉：「寒塘映衰草，高館落疏桐。……故人不可見，寂寞平陵東。」唐・王昌齡〈秋山寄陳讜言〉「巖間寒事早，衆山木已黃。……思君若不及，鴻雁今南翔。」明・劉基〈秋日即事〉：「秋風秋雨冷翛翛，階下金錢爛漫愁。鴻雁不來巢燕去，草蟲辛苦獨知秋。」何景明〈秋興〉：「高樓一上思堪哀，水盡山空雁獨迴。……故人尺素年年隔，薄暮清砧處處催。」大抵皆藉興式之思維方式，將外界景物之蕭索與自身境況之寂寥互涉結合，形成其悲秋之情懷——此殆偏屬「空間意識」之作用。此外，孤棲懷人之悲慨亦有若干情況可能隱喻「不遇」之傷，唐・耿湋〈秋日〉有云：「返照入閭巷，憂來誰其語？古道無人行，秋風動禾黍。」而〈秋夜〉又云：「高秋夜分後，遠客雁來時。寂寞重門掩，無人問所思。」劉基〈秋日即事〉：「槿花數樹夕陽時，收拾秋光在短籬。自紫自紅還自碧，只應獨有暮蟬知。」殆皆可爲例證。

其三則空閨獨守的哀怨。曹丕〈燕歌行〉首揭其端：「秋風蕭瑟天氣涼，草木搖落露爲霜。……賤妾煢煢守空房，憂來思君不敢忘，不覺淚下沾衣裳。」其後如齊・謝朓〈秋夜〉：「思君隔九重，夜夜空佇立。……誰能長分君？秋盡冬復及。」梁・費昶〈秋夜涼風起〉：「零露一朝溥，中夜雨垂泣。……紅顏本暫時，君還詎相及！」等，皆爲好例。而李白〈玉階怨〉：「玉階生白露，夜久侵羅襪。卻下水晶簾，玲瓏望秋月。」則無疑爲其中最含藏清雅之作。這所有作品中感秋而怨之情懷乃時間、空間意識之交互作用。其聯想的過程同於前文對〈九辯〉之解析，只不過人物由士變爲女子而已。秋景之衰、秋時之暮均讓獨居幽閨的女子強烈感受容顏易老、青春易逝！「過時而不采，將隨秋草萎！」缺乏愛情的空白生命是她們最大的憂恐。

事實上，這種憂恐反映了她們對生命彩繪充實的期待——就生命的意義而言，在本質上與士之傷不遇而求知音並無差異。因此中國古典文學傳統中，許多閨怨之作其實是詩人假託女子以示自身不遇的告訴。同理，閨怨式的悲秋作品亦或有近似之情調。劉宋・鮑照〈秋夕〉：「臨宵嗟獨對，撫賞怨情違。躊躇空明月，惆悵徒深帷。」王昌齡〈西宮秋怨〉：「芙蓉不及美人妝，水殿風來珠翠香。誰分含啼掩秋扇，空懸明月待君王。」殆可爲例。

悲秋內涵之擴展實以上述三種爲主。三者或因時間意識，或因空間意識，或因時空意識交融之作用而產生；其思維方式則仍爲興式之思維方式。我們從三者皆有不遇與無成之隱喻存在，當可深切體認宋玉〈九辯〉所立之典型對後世悲秋文學深遠之影響，同時亦可感知悲秋之源畢竟在士人現實生命中的挫折感。

三種主類型之外，悲秋內涵之擴展亦尚有可說者，杜甫〈秋興八首〉之一云：「玉露凋傷楓樹林，巫山巫峽氣蕭森。江間波浪兼天湧，塞上風雲接地陰。叢菊兩開他日淚，孤舟一繫故園心。寒衣處處催刀尺，白帝城高急暮砧。」在空間意識的作用之下，以劇變的秋景寓劇亂的時局，沉鬱高古，超越「個人」格局，深化了「悲秋」的格調。⑥而劉禹錫〈西塞山懷古〉：「人世幾回傷往事？山形依舊枕寒流。今逢四海爲家日，故壘西邊蘆荻秋。」則透過時、空意識之作用，深悲人類之渺小。與前此不同的是，思維方式雖仍屬興式思維方式，但並非人事與自然相應的聯想，而乃人事與自然相逆的聯想⑦——宇宙的時間無窮、宇宙的空間不變，但人類的時間有限，人事的空間不斷變易遷化。劉禹錫從懷古的歷史意識中體認到人的渺小，亦已超越前述個人式的感傷，進入哲學意境。⑧

四、悲之轉化

睹自然之衰、逝而感人生之衰、逝，乃秋之所以興悲之癥結，但如果體悟生命既短暫而渺小，故尤應及時掌握，則「悲」秋之情便已獲得轉化之契機。漢樂府〈長歌行〉是爲最早之佳例：「常恐秋節至，焜黃華葉衰。百川東到海，何時復西歸？少壯不努力，老大徒傷悲。」詩人並非沒有人身易老、年命易衰的感傷，但反而更激發及時努力的積極意識，確爲「悲秋」之擺落「悲」跨出第一步。其後劉禹錫〈秋聲賦〉乃云：「異宋玉之悲傷，覺潘郎之幺麼。嗟乎！驥伏櫪而已老，鷹在韝而有情。聆朔風而心動，盼天籟而神驚。力將痑兮足受紲，猶奮迅於秋聲。」更因秋聲之紛沓激起與命運、與時間抗爭的意志，化悲爲憤，而金・元好問〈秋望賦〉大抵近似情調：「天人不可以偏廢，日月不可以坐失。然則時之所感也，非無候蟲之悲。至於整六翮面睨層霄，亦庶幾乎鷙禽之一擊。」生命即使是充滿挫折與不可改的拘制，也應在結束前做最後的一搏！

像這樣的例子，感秋之情基本上仍有「悲」的成分，只不過以較激昂慷慨的精神，增添了「悲壯」的氣質——而這大抵緣於詩人一己剛健的性格與強韌的生命力，⑨或非普遍存在的現象。

考「悲秋」之「悲」的淡去，約自中唐始漸多。錢起〈秋夕與梁鍠宴〉觀察到秋日之晴、秋夜之清、秋風之好、秋月之明，充滿歡喜之閒情：「客到衡門下，林香蕙草時。好風能自在，明月不須期。秋日翻荷影，晴光脆柳枝。留歡美清夜，寧覺曉鐘遲。」而劉禹錫〈秋詞〉則以明快的語言表達對秋之清朗之讚頌：「自古逢秋悲寂寥，我言秋日勝春朝，晴空一鶴排雲上，便引詩情到碧霄。」二者皆跳出以往之窠臼，發現到秋可愛可賞之清、幽、雅、淡、高、曠等氣質。故至晚唐杜牧，作〈山行〉：「遠上寒山石徑斜，白雲深處有人家。停車坐愛楓林晚，霜葉紅於二月花。」竟能以輕快賞玩之心情寫下秋之燦爛美。

中唐以降，時代日下，而悲秋之作反別開新意，漸有擺脫悲者，頗出人意表，而堪玩味。其確實原因如何？尚不敢必。或許與盛唐以來形成之自然詩風有關。蓋自然詩之盛行，促使詩人對自然節候、宇宙環境做更細密之體察，從而平實地發現秋於「蕭瑟」外，那一種相對性的美感特質，以致改變已趨固定的秋之意識型態。其次，自然詩風本以淡遠爲尚，盛唐以下已爲詩人得心應手之擅，以之寫悲秋，「悲」意自亦淡遠，乃竟至不可捉摸，韋應物〈秋夜寄丘二十二員外〉：「懷君屬秋夜，散步詠涼天。山空松子落，幽人應未眠。」施肩吾〈秋山吟〉：「夜吟秋山上，裊裊秋風歸。月色清且冷，桂香落人衣。」均可爲例。

感秋之作眞正揚棄悲哀者，實始於宋。歐陽修〈秋聲賦〉已有特殊識見：「夫秋，刑官也，於時爲陰；又兵象也，於行爲金。是謂天地之義氣，常以肅殺而爲心。」「商，傷也，物既老而悲傷；夷，戮也，物過盛而當殺。」歐陽體認到宇宙間任何生命都是生死交替，盛年之後，即當衰颯，故秋之爲殺乃自然之理，無須爲悲。其又云：「嗟乎！草木無情，有時飄零；人爲動物，惟物之靈。百憂感其心，萬事勞其形。有動於中，必搖其精；而況思其力之所不及，憂其智之所不能！宜其渥然丹者爲槁木，黟然黑者爲星星。奈何以非金石之質，欲與草木而爭榮！念誰爲之戕賊，亦何恨乎秋聲！」歐陽更了解到人命之易衰往往起於自我憂思之摧折，不得悉恨於秋聲；而人類亦何必一睹草木榮枯之循環，便悲自我生命衰逝之不返！歐陽在此無疑教人宜以平和接受之態度面對宇宙秩序生殺之理以及自我生命之遷化。

歐陽的這套生命哲學，在悲秋文學的傳統中具有重要意義。因爲唯有在人們能以平和接受的態度去面對宇宙秩序生殺之理以及自我生命之遷化時，「悲」方可能完全轉化，而以「樂」的姿態出現。故其〈秋郊曉行〉詩云：「寒郊桑柘稀，秋色曉依依。野燒侵河斷，山鴉向日飛。行歌採樵去，荷鍤刈田歸。秫酒家家熟，相邀白竹扉。」乃能在淒清的秋景中將目光投向實實在在的溫暖人間，不像前此詩人只會墮入秋的衰景中，永不克自拔。而悲秋傳統中一向維持的那種天人共感的興式思維方式，在歐陽身上也開始轉變，他把自然與人分開來看，二者不必有不可解的連繫關係；自然即使冷寂，無礙人間的熱鬧。⑩

和歐陽學養異趣，爲有宋一代道學最早人物的邵雍則認爲時間概念是相對而非一成不變的，他曾說：

夫古今者，在天地之間猶旦暮也。以今觀今，則謂之今矣；以後觀今，則今亦謂之古矣；以今觀古，則謂之古矣；以古自觀，則古亦謂之今矣。⑪

認爲從事物的不同角度和標準來看，就有不同的時間觀念。他又說：

是知古亦未必爲古，今亦未必爲今，皆自我而觀之也。安知千古之前，萬古之後，其人不自我而觀之也？⑫

認爲時間的變動，並非客觀的存在，而乃個人主觀的看法——這是邵雍唯心主義的時間觀念。⑬我們當然不能把邵雍與歐陽完全等同來看，但以「自我」爲中心，用人的「主觀」視外物的態度則二者可謂一致。「自我」爲主，外物爲從；一改悲秋傳統之以外物爲主，「自我」爲從，「悲」之擺落遂成當然之事。

邵雍有關秋之作極多，泰半傳達出一種幽靜閒雅的氣格，如〈秋遊六首〉之一云：

七月芙渠正爛開，東南園近日徘徊。有時風向池心過，無限香從水面來。罨畫溪深方誤入，洞庭湖晚未成迴。坐來一霎蕭蕭雨，又送新涼到酒杯。

甚且經常流露一種愛賞怡悅的心情；再看〈秋遊六首〉之三：

……明月入懷如有意，好風吹面似相知。閒人歌詠自怡悅，不管朝廷不採詩。

之四：

家住城南水竹涯，乘秋行樂未嘗虧。輕寒氣候我自愛，半醉光陰人莫知。信馬天街微雨後，憑欄僧閣晚晴時。十年美景追隨遍，好向風前摘白髭。

其實邵雍不是沒有看到年光之有限與形體之易衰，但透過徹悟達觀的內在觀照與修爲，遂能以「平靜」對待老去之事實，〈秋懷吟〉固云：「當年志意雖然在，今日筋骸寧不衰？賴有寸心常自喜，聖人難處卻能知。」⑭

歐陽修、邵雍這種視宇宙爲客體，隨人之主觀意識而調整存在的時空觀念，改變了「悲」秋的傳統，開啓「樂」秋的新局。整個宋代類似的作品時時可見，秦觀〈秋日二首〉之一云：「霜落邗溝積水清，寒星無數傍船明。菰蒲深處疑無地，忽有人家笑語聲。」能在蕭瑟中見生機、寒涼中見歡樂；而其〈秋辭二首〉之一：「雲惹低空不更飛，班班紅葉欲辭枝。秋光未老仍微暖，恰似梅花結子時。」更以春筆寫秋殘，別開生面。餘若陸游〈秋晚〉：「新築場如鏡面平，家家歡喜賀秋成。老來懶惰慚丁壯，美睡中聞打稻聲。」寫出秋之豐實；朱熹〈秋懷〉：「井梧已飄黃，澗樹猶含碧。煙火但遙迤，空齋坐蕭瑟。端居生遠興，散漫委書帙。愛此北窗閒，時來岸輕幘。微鐘忽迢遞，禽語破幽寂。賞罷一悄然，淡泊忘所適。」竟能平靜賞玩生之流逝與孤寂。宋人確爲悲秋傳統做了革命性的轉化。

這種轉化與宋代整個大環境有關，宋代是中國歷史上讀書人地位最高的時代，所以宋代士人經常對自我抱持高度信心，對現實充滿樂觀期待；宋代又是道學發達的時代，他們強調自我充實圓滿的修爲，時時肯定自我可以包容宇宙。就在這兩種力量的交互影響下，宋代文學恆常洋溢著樂觀的色彩，或至少以平和寧靜的心情對待種種陰暗困頓。⑮悲秋文學之轉化，不過其中一例而已。

「樂」秋既爲宋人所開啓，宋以後，同質之作乃不時可見，如金・王庭筠〈秋郊〉寫秋景之美；趙元〈秋日〉寫秋收之豐；元・黃庚〈秋吟〉寫秋天之高；明・梅頤〈秋日〉寫秋心之曠，……不一一錄引。

最後値得一提的是，宋人對悲秋之轉化復有藉類比思維，對秋賦予道德化的意義，李綱〈秋色賦〉有云：

> 秋，金氣也，天地之所以肅殺也，其猶介胄之士凜然有不可犯之色者耶！秋，義氣也，天地之所以閉固也，其猶節概之士毅然有不可奪之色者邪！秋日烈烈，其朝廷之士、骨鯁之臣，正色以率下者邪！秋霜言言，其忠義之士、社稷之臣，厲色以赴難者邪！灑然蕭然，猶山林高蹈之士恬澹寂寞，有無求之色也。啐然儼然，猶盛德之士正容悟物，有不可親疏之色也。若夫廣大清明，不言而令行，無爲而物成，則若黼座當陽，顒顒昂昂，朝廷正而天下治，刑政修而中國強，所謂天子穆穆而淒然似秋者，其幾是歟！

是爲顯例。而陸游〈秋花歎〉：「秋花如義士，榮悴相與同。豈比輕薄花，四散隨春風。」亦略有相似旨意。

五、結語

中國文學傳統中的「悲秋」類型略如上述。其自宋玉開始，無代無之，竟至使「秋」幾乎成爲哀傷的代稱；這種情形直至宋以後始有截然之轉化。其間關鍵殆皆時空意識之作用。當人們以宇宙爲主體，自我爲客體，視自我生命之時空隨宇宙生命之時空流轉遷化時，則自我生命之脆弱與短暫便成爲不可逆的事實，逢「秋」而不「悲」，也就不可能了。然而當人們以自我爲主體，宇宙爲客體，認定時空之久暫皆由自我主觀意識決其移動方向，甚且宇宙、自我之間可以分立，不必牽繫，則逢秋便可以不「悲」，甚且可「樂」了。宋人這種「成熟」的觀照，終於也爲傳統士人在現實世界裡幾乎無可避免，必然遭遇挫折的那種宿命式感傷，提供了化解之道。

而「悲秋」之典型既由宋玉所樹立，三百篇中並無悲秋之例，是再度證明了中國文學傳統中「感傷主義」的源頭乃在《楚辭》，而不在《詩經》。對中國文學中「個性化」與「抒情化」的特質而言，《楚辭》確有深遠的影響。

最後，「悲秋」之外，「傷春」亦是中國文學傳統中的一種重要基型。惟悲秋者多爲漸老才士，而傷春者多爲青春女子，是其不同爾。《淮南子．繆稱訓》固云：「春女思，秋士悲。」《詩

・豳風・七月》有句：「春日遲遲，采蘩祁祁。女心傷悲，殆及公子同歸。」《楚辭・招魂》亦云：「湛湛江水兮上有楓，極目千里兮傷春心。」二者皆爲「傷春」，但內在情調顯然不同。然則傷春文學的起源如何？其內涵的演變發展如何？其所反映的時空觀念如何？也許是另一個可以繼續探究的課題。

【附　註】

註① 三百篇中確無「悲秋」之例，檢之自見。〈小雅・采薇〉：「曰歸曰歸，歲亦陽止。」「曰歸曰歸，歲亦莫止。」似略有「悲秋」之意，實則悲行役之勞——〈小雅〉連續數篇皆悲行役之勞，與「悲秋」所特有之「時空意識」無涉。小川環樹〈風與雲——中國感傷文學的起源〉（收入氏著《論中國詩》，譚汝謙譯，香港中文大學出版社，一九八六年）有云：「以季節的感情而言，爲秋天而悲哀的用例始見於《楚辭》。」其見甚的。

註② 「興」爲詩六義之一。胡寅《斐然集》卷一八〈致李叔易書〉載李仲蒙語：「觸物以起情，謂之興。」三百篇，興詩之例甚多，如〈關雎〉、〈桃夭〉皆是，可見此種思維方式，是中國古代普遍的思維方式。

註③ 即以前舉〈關雎〉爲例，皆爲「興」詩，然非唯不悲，甚且充滿歡樂與祝禱。

註④ 宋以後，傷老悲秋情緒仍所在多有，明・劉基〈秋日即事〉：「人世可憐唯有老，鏡中憔悴夢中愁。」高啓〈秋日江居寫懷〉：「每看搖落即成悲，況在飄零與別離。……莫把丰姿比楊柳，愁多蕭颯恐先衰。」等皆是，不煩備舉。惟中唐以後，此一悲秋之情亦漸有轉化者，至宋尤爲明顯，詳見下文。案，悲情之多與悲之轉化，二者並存，實非矛盾。蓋前者爲基本「原型」，衡諸傳統中國之政治環境與社會價值，其不可能消失也必然；而後者無非見證因個別士人之反省或個別學養、性格之差異，乃至個別時代之改變等因素所形成之別開生面之表現——其在「悲秋傳統」中，別具意義。

註⑤　柳永一生輾轉四方抑鬱不得志，〈八聲甘州〉前半闋全寫無成之苦（可參葉嘉瑩《唐宋名家詞賞析⑶柳永、周邦彥》，臺北，大安出版社，一九八八，頁三一～三七），後半闋之悲自緣前者而來，不可分立。其〈雪梅香〉固云：「動悲秋情緒，當時宋玉應同。」柳詞之離別、羈旅之悲蓋皆源於無成與不遇也。

註⑥　杜甫〈登高〉亦是好例。全詩經由交錯揉合之時空意識，展現悲秋情懷之曲折、複雜、深沉。既以悲己，亦以悲時，更以悲國。詩中各句頗具多重象徵意義：「風急天高猿嘯哀，渚清沙白鳥飛回。無邊落木蕭蕭下，不盡長江滾滾來。」固寫急凋之秋景，亦寓極動盪、徬徨之生平與時局；末二句尤一面寫秋颯之極，一面寫宇宙時間之廣漠無邊，映襯生命之微渺。杜甫確實爲「悲秋」傳統擴大格局、深化意境、提升格調。

註⑦　中國古代興的思維方式，就人與自然的關係而言本有相應與相逆之別。文中前此所論皆爲相應之例，而相逆之例自漢已有，如〈薤露歌〉：「薤上露，何易晞！露晞明朝更復落，人死一去何時歸！」即是。沈約〈悼亡詩〉亦云：「去秋三五日，今秋還照梁。今春蘭蕙草，來春復吐芳。悲哉人道異，一謝永銷亡。」而白居易〈草〉：「離離原上草，一歲一枯榮。野火燒不盡，春風吹又生。」亦隱含此意，惟皆與悲秋無涉。

註⑧ 杜牧〈登樂遊原〉詩與禹錫同調，亦堪比肩，甚且猶有「憂國」之意，錄之以供參閱：「長空澹澹孤鳥沒，萬古銷沉向此中。看取漢家何事業，五陵無樹起秋風。」

註⑨ 論者每謂劉禹錫無論處任何逆境，始終具有樂觀奮發之精神，此種豪健氣概，時時貫串於其詩作之中。〈元和十一年自朗州承召至京戲贈看花諸君子〉詩云：「紫陌紅塵拂面來，無人不道看花回。玄都觀裡桃千樹，盡是劉郎去後栽。」作於初貶十年後（八一六）；至大和二年（八二八）重遊舊地，又有〈再遊玄都觀絕句〉：「百畝中庭半是苔，桃花淨盡菜花開。種桃道士歸何處？前度劉郎今有來。」二詩比觀，充分反映其強韌生命之自覺。至於元好問，趙翼《歐北詩話》云：「生長雲朔，其天稟本多豪邁英傑之氣，……發爲悲歌，有不求工而自工者。」是肯定元氏詩作之特殊雄健氣質有源於其天性之豪邁者。

註⑩ 前文有云：「歐陽體認到宇宙間任何生命都是生命交替，盛年之後，即當衰颯，故秋之爲殺乃自然之理，無須爲悲。」是歐陽亦將人與自然互通而觀。惟歐陽此種互通觀點與一般天人互通觀點有不同者，蓋歐陽怡然視之，不墮入悲，乃較一般人士爲超越。惟其有此「超越」，乃能更進一步擺落窠臼——天人固然共感，亦可不必共感，故此處乃云：「把人與自然『分開』來看，二者『不必』有不可解的聯繫關係。」前後似若矛盾而實不矛盾。

註⑪ 《皇極經世・觀物內篇》。

註⑫ 同前註。

註⑬ 蘇軾〈赤壁賦〉有云：「自其變者而觀之，則天地曾不能以一瞬；自其不變者而觀之，則物與我皆無盡也。」與邵雍竟若符契。顯示宋人普遍具有從「自我」主觀出發看外物的唯心時空觀。

註⑭　邵雍類似之作，不勝枚舉，〈秋暮西軒〉、〈秋懷〉、〈秋日飲後晚歸〉等皆是，不備錄。

註⑮　吉川幸次郎即以悲哀之揚棄與寧靜之追求爲宋詩二大特色。詳見氏著《宋詩概說》，鄭清茂譯，臺北聯經出版公司，一九七八

（原載臺大中文學報第七期，一九九五年月四月並收入 *TIME AND SPACE IN CHINESE CULTURE*, E.J. BRILL, LEIDEN, THE NETHERLANDS, 1995）

從美學風格典範之變易論元和詩歌的文學史意義

一、

有關元和詩歌的文學史意義，大抵已成定論，一言以蔽之，曰：變。清人馮班云：「詩至貞元、長慶，古今一大變。」①葉燮亦云：「吾嘗上下百代，至唐貞元、元和之間，竊以爲古今文運、詩運至此時爲一大關鍵也。……三代以來，詩運如登高之日上，莫可復踰。迨貞元、元和之間，有韓愈、柳宗元、劉長卿、錢起、白居易、元稹輩出，群才競起，而變八代之盛。自是而詩之調之格之聲之情，鑿險出奇，無不以是爲前後之關鍵矣。」②至於這「變」的意義，學者亦已大致論定：乃在啓宋詩也。錢鍾書即云：「唐之少陵、昌黎、香山、東野，實唐人之開宋調者。」③而呂正惠《元和詩人研究》④尤致力抉發此義。但元和詩歌的這種「關鍵」意義其實尚牽涉中國古典詩歌美學風格典範的變易問題——而此一問題雖學者亦有見及，但闡論未盡系統⑤，本文因擬在前人基礎上，對此一問題略作補綴；又因元和詩人以韓、白爲首，故文中所論亦皆以兩人爲例。

二、

就中國古典詩歌的發展，漢魏六朝是典範樹立的時代。在詩歌的形製上，五言詩體正式成立，並且快速發展——事實上，五言是中國古典詩中最重要的形製，也是發展最充分的形製⑥；在詩歌內在的精神上，確立了中國古典詩詠懷、抒情的傳統——詠懷成爲中國古典詩人創作的最大動機，抒情成爲中國古典詩歌永不改易的基本特質；而在抒情的氣質上，「感傷」又成爲一種揮之不去的基調⑦；至於語言形式，則追求雅正典麗；而表現則務求含藏婉轉、餘韻不盡。凡此種種，我們回顧一下歷史的事實即可了然：自古詩十九首於漢末出現之後，五言成爲詩人的最愛，《文心雕龍・明詩》云：「暨建安之初，五言騰踊。」⑧《詩品・序》亦云：「夫四言，文約意廣，取效《風》、《騷》，便可多得；每苦文繁而意少，故世罕習焉。五言居文詞之要，是衆作之有滋味者也；故云會于流俗。豈不以指事造形，窮情寫物，最爲詳切者耶？」⑨劉勰還只是客觀敘述事實，鍾嶸則進一步指出五言之所以廣得青睞的原因。而古詩十九首的共通主題，即是「歎逝」⑩，個中充滿了感傷的氣質；這樣的主題、這樣的情感特質，在魏晉以降詩人中不斷出現，形成中國古典詩的抒情詠懷傳統⑪，故陸機云「詩緣情」（〈文賦〉），而劉勰則云「人稟七情，應物斯感，感物吟志，莫非自然」（《文心雕龍・明詩》），鍾嶸亦云：「凡斯種種，感蕩心靈，非陳詩何以展其義？非長歌何以騁其情？」（《詩品・序》）劉勰與鍾嶸是在認定詩的抒情本質上再以他們的歷史經驗與批評觀點，揭出緣情與物色的關聯。其實六朝的「物色」是不能脫離「情」而獨立論的，這只要看《文心雕龍・物色》說：「春秋代序，陰陽慘舒，物色之動，心亦搖焉。……歲有其物，物有其容；情以物遷，辭以情發。」便可了然⑫。至於風格，建安以下，雅正、典麗是一種沛然莫之能禦的共同趨向，惟需分辨的是這種雅正典麗的風格並不僅止於語言形式之要求，也包括詩人內在的情性，以及綜此二者所形成的動人心魄的力量。劉勰特拈「風骨」一詞以概之，亦云：「是以怊悵述情，必始乎風；沈吟鋪辭，莫先於骨。……結言端直，則文骨成焉；意氣駿爽，則文風清焉。……故練於骨者，析辭必精；深乎風者，述情必顯。捶字堅而難移，結響凝而不滯，此風骨之力也。」（《文心雕龍・風骨》）而鍾嶸亦云：「故詩有三義焉：一曰興，二曰比，三曰賦。文已盡而意有餘，興也；因物喻志，比也；直書其事，寓言寫物，賦也。宏斯三義，酌而用之，幹之以風力，潤之以丹采，使味之者無極，聞之者動心，是詩之至也。」（《詩品・序》）鍾嶸的標準，其實同於劉勰的「風骨」，故其見永嘉以下「理過其辭，淡乎寡味」的詩歌，乃慨然嘆之：「建安風力盡矣。」（同上）當然，這種六朝人心目中完美的典型，不易多得，除曹植以外⑬，多有偏美，但大體而言，被公認爲一流的詩人，還是「大致」具備此一兼美，而且能自自身（作者）生命情調轉生出感染他人（讀者）的力量——這只要細味鍾嶸《詩品》對各家的品評即可窺知⑭。而表現方式務求含藏婉轉、餘韻不盡，則只要注意鍾嶸將三百篇「興」的意義轉化爲「文已盡而意有餘」（見前引）便可「體會」。因爲單純自「作者」角度「起」情的「興」，一變而爲兼「讀者」角度，使之感染而「意有餘」的「興」，詩人表現方式之務爲委婉多姿，乃至語言凝練稠密的講求，便成爲不得不然的必要。王師夢鷗有云：「古詩有惻隱之義，……故其爲文，富有感情的成分。又，古詩的運用，寓有『微言相感』的性質；所謂『微言』，實即隱喩。……隱喩感情，是詩人特殊的表達法。」⑮也指出漢、魏以來古詩的一種特殊表現樣式。這種樣式往往藉景、物以寓情，後來習稱爲「比興」，它有別於直接而顯豁的表達。但這種特殊表現樣式之成爲一種「必要」，乃至形成一種中國古典詩歌的「表現傳統」，不僅是「詩」這種文類「本質」性的要求，實在亦有詩人所處環境的「時代」性因素——觀曹植、阮籍乃至以下諸詩人（包含寫作詠史、遊仙諸題材）的作品便了然可知。

質言之，所謂漢魏六朝所樹立的典範，乃是自〈古詩十九首〉發其抒情端緒之後，隨著時代對「詩歌美」之要求累積而成的一種「詩歌美學傳統」；此一傳統以感傷抒情爲基調，務求情感的表現含藏婉轉、深切動人，也務求語言形式的雅正典麗；後世被視爲一流詩人的嵇康、淵明以及鮑照，《詩品》或以其「過爲峻切，訐直露才，傷淵雅之致」（嵇）、或以其「質直」（陶）、或以其「不避危仄，頗傷清雅之調」（鮑），悉置於中品，正顯示了抒情基調之外的另二種標準是多麼必要。呂正惠曾說：「詠懷傳統……所樹立的典型，被後代的許多學者看作是詩——特別是抒情詩的模範，是衡量詩歌的一種標準……」而這個傳統的作品的特質，「從精神上來說，它是抒情的，非常純粹的抒情；從表現上來說，它特別注重寄託與比興；從風格上來說，它是渾成自然、溫柔敦厚的。」[16]顯示了相同的看法。

三、

漢魏六朝這種詩歌美學風格的典範，唐人基本上是繼承的，不同的只是用心加以變化，以形成所謂的「唐音」而已。高舉復古旗幟的陳子昂，反的其實是齊、梁以下「采麗競繁」的詩，他強調的「興寄」與「風骨」，也還在前述的「典範」內；甚至他自己的創作也並未擺脫齊梁的色彩[17]。張說對時人風格的品題更分明是典雅與滋味並重，穠華與風骨共陳。以他身爲宰輔的地位作此認定，對時風的影響，可想而知[18]。李白的主張近似子昂，但他對曹植、陶淵明、謝靈運、鮑照、謝朓，都曾予以讚美，並有所取法[19]。杜甫則更不必說，「盡得古今之體勢，而兼人人之所獨專」[20]。正因杜甫能兼取聲律與風骨，也兼收漢魏六朝詩人之精華，再加上自己對生命、時代、歷史的深刻感悟，乃能成就今日我們所見的「杜甫」[21]。除掉這些個別詩人的觀點與創作外，選家的標準也大體是一致的，殷璠〈河嶽英靈集序〉云：「自蕭氏以還，尤增矯飾。武德初，微波尚在；貞觀末，標格漸高；景雲中，頗通遠調；開元十五年後，聲律、風骨始備矣。」〈集論〉更云：「璠今所集，頗異諸家，既閑新聲，復曉古體；文質半取，風騷兩挾；言氣骨則建安爲傳，論宮商則太康不逮；將來秀士，無致深憾。」[22]殷璠的意見反映了盛唐詩人的一般風尚：新聲、古體兼作，文、質，氣骨、宮商則並求。殷璠雖站在唐人立場自矜於唐詩的「進步」，但所標舉的境界基本上仍略近漢魏六朝以來形成的典範。唐人當然有他們的突破，這一點，王昌齡的《詩格》[23]在理論層面上做了清晰的呈現，其云：「凡夫詩之體，意是格，聲是律；意高則格高，聲辨則律清；格律全，然後始有調。」[24]「夫置意作詩，即須凝心，目擊其物，便以心擊之，深穿其境。如臨高山絕頂，下臨萬象，如在掌中。以此見象，心中了見，當此即用。」[25]「山林、日月、風景爲眞，以歌詠之。猶如水中見日月，文章是景，物色是本，照之須了見其象也。」[26]「凡詩，物色兼意下爲好。若有物色，無意興，雖巧亦無處用之。」[27]「搜求於象，心入於境，神會於物，因心而得。」[28]顯然王昌齡在意格、聲律、物色之外更注重調、象、境。而調是意格、聲律圓融的結合；象是物色更神祕的呈現；境則是心物交融的純美世界。換言之，王昌齡把漢魏六朝的那種典範美再推上一層，進入更自然、圓融、空靈、超化的妙境——這或許和唐人用心於新體詩（近體律、絕）有密切關係[29]。因爲絕句只有四句，而律詩只有八句，詩人的視界被逼到一個極小的範圍內，詩人在這種形式中能表現什麼？又如何來表現？便成爲重大的課題。於是我們看到的唐人絕句往往表現一剎那的經驗，而這一剎那經驗的動人呈現便有賴詩人精彩的造境，如王維〈鳥鳴澗〉詩：

人閒桂花落，夜靜春山空。月出驚山鳥，時鳴春澗中。

詩人這一刹那的經驗是徹悟到宇宙的本質，無聲無息，卻永不止息的流轉；而爲表現此一徹悟，詩人精心佈置了靜、動、寂、鳴的對比，四句是四幀又既單純又複雜的景，形成了一種可以傳達這「徹悟」的詩境。至於律詩，則由於中間二聯對偶的「固定」作用，給人「印象」格外深刻的感覺，於是導引詩人在此特下工夫：一方面著力描寫景象（物色），一方面藉此而構成詩人的「主體感情」世界；換言之，律詩把絕句的「印象」式風格，變得更「本體」化，試看李白的〈登金陵鳳凰臺〉：

鳳凰臺上鳳凰遊，鳳去臺空江自流。吳宮花草埋幽徑，晉代衣冠成古丘。三山半落青天外，二水中分白鷺洲。總爲浮雲能蔽日，長安不見使人愁。

中間四句是詩人用心所造的四幀景象，透過對偶，有特別突出、框住的效果，再配合前後四句襯托呼應，遂更眞切的表現詩人獨有的感情世界㉚。而無論絕句印象式的呈現或律詩本體化的映照，唐詩往往一致追求更綿延不盡的興發餘韻，前引二詩固已如此，餘如：孟浩然〈早寒江上有懷〉（五律）、王昌齡〈芙蓉樓送辛漸〉（七絕）、常建〈題破山寺後禪院〉（五律）、劉長卿〈送靈澈上人〉（五絕）、杜甫〈登高〉（七律）等名作亦莫不如此。他們所表現的詩歌美學風格吻合於王昌齡《詩格》所揭櫫的那種「妙境」；事實上，唐人是利用近體形式更淋漓盡致的發揮鍾嶸所揭示的「興」義——言外之味、意外之旨，形成唐詩特殊的風格；而這種風格就是嚴羽《滄浪詩話》所標舉的「入神」㉛，也正是嚴羽所謂：「盛唐詩人惟在興趣，羚羊掛角，無跡可求。故其妙處透徹玲瓏，不可湊泊，如空中之音、相中之色、水中之月、鏡中之象，言有盡而意無窮。」㉜嚴羽把漢魏晉與盛唐視作「第一義」，正顯示了嚴羽了解漢魏晉詩與盛唐詩有相通的美學風各，而盛唐更「無跡可求」而已。

至於唐詩的抒情氣質，雖然相較於漢魏六朝詩人是較爲「堅強」的，但基調仍是「感傷」的。王勃〈送杜少府之任蜀州〉固能互勉「無爲在歧路，兒女共沾巾」，但還是點出了「與君離別意，同是宦遊人」；駱賓王的感傷似乎更深：〈在獄詠蟬〉固不必說，〈秋日送別〉：「寂寥心事晚，搖落歲時秋。共此傷年髮，相看惜去留。當歌應破涕，哀命返窮愁。別後能相憶，東陵有故侯。」失意之鬱鬱也非常明顯。而盛唐詩人的表現也無大改易，孟浩然充滿不遇的悲情，世所熟知；崔顥、王昌齡、李頎、高適、岑參、李白這些比較有雄豪氣調的詩人，作品中的感傷之情還是隨處可見㉝。也許我們能說唐人的「感傷」不同於漢魏六朝——他們的悲情常來於「羈旅飄泊」；他們的悲情是希望的渺茫，而不是絕望的認定㉞；但其仍屬感傷抒情則是確確實實，難以否認的。

四、

初、盛唐詩人繼承漢魏六朝那種感傷抒情而務求含藏婉轉、雅正典麗的美學風格並加以推廣、變化的情形，略如上述。這是中唐以前詩人所遵循的「典範」，也是中唐以前一直存在的詩歌美學「傳統」。這個「典範」、這個「傳統」，到了元和詩人有了明顯的變化。

(一)

首先是抒情此一詩歌本質上的變化。無論韓、白，都不乏說理、議論的作品，韓之〈君子法天運〉有云：「君子法天運，四時可前知。小人惟所遇，寒暑不可期。利害有常勢，取捨無定姿。焉能使我心，皎皎遠憂疑？」㉟辨君子有常、小人多變，而利害雖可辨，取捨之道卻由人而變，韓藉此表達內心之憂疑，已有「知性」色彩；〈符讀書城南〉一詩有云：

木之就規矩，在梓匠輪輿。人之能爲人，由腹有詩書。詩書勤乃有，不勤腹空虛。欲知學之力，賢愚同一初。由其不能學，所入遂異閭。兩家各生子，孩提巧相如。少長聚嬉戲，不殊同隊魚。年至十二三，頭角稍相疏。二十漸乖張，清溝映汙渠。三十骨骼成，乃一龍一豬。飛黃騰踏去，不能顧蟾蜍。一爲馬前卒，鞭背生蟲蛆。一爲公與相，潭潭府中君。問之何因爾，學與不學歟！㊱

則儼然可稱有韻之「勸學篇」。至於白居易，新樂府固不必說，即連律體亦有通篇議論者，如〈放言〉五首即是，姑舉第二首爲例：

世途倚伏都無定，塵網牽纏卒未休。禍福迴環車轉轂，榮枯反覆手藏鉤。龜靈未免刳腸患，馬失應無折足憂。不信君看奕棋者，輸贏須待局終頭。㊲

議論說理自是與抒情相對的不同屬性，韓、白詩除於此有明顯增多的傾向外，復多有諧趣表現，韓〈落齒〉詩云：

去年落一牙，今年落一齒。俄然落六七，落勢殊未已。餘存皆動搖，盡落應始止。憶初落一時，但念豁可恥。及至落二三，始憂衰即死。每一將落時，懍懍恆在己。叉牙妨食物，顛倒怯漱水。終焉捨我落，意與崩山比。今來落既熟，見落空相似。餘存二十餘，次第知落矣。儻常歲落一，自足支兩紀。如其落併空，與漸亦同指。人言齒之落，壽命理難恃。我言生有涯，長短俱死爾。人言齒之豁，左右驚諦視。我言莊周云，木雁各有喜。語訛默固好，嚼廢軟還美。因歌遂成詩，持用詫妻子。㊳

寫初落齒牙時的羞慚至續落的憂恐，終至坦然面對事實的豁然，眞是曲盡人情、生動有味；末尾四句以幽默結，調侃自己，也戲謔妻子，尤見精采。又如〈嘲鼾睡〉二首㊴，寫澹師鼾睡時之聲氣：「馬牛驚不食，百鬼聚相待。木枕十字裂，鏡面生痱癗。鐵佛聞皺眉，石人戰搖腿。」「吾嘗聞其聲，深慮五藏損。」更是別開生面。至於白居易，試看〈沐浴〉詩：

經年不沐浴，塵垢滿肌膚。今朝一澡濯，衰瘦頗有餘。老色頭鬢白，病形支體虛。衣寬有賸帶，髮少不勝梳。自問今年幾？春秋四十初。四十已如此，七十復何如？㊵

〈白鷺〉詩：

人生四十未全衰，我爲愁多白髮垂。何故水邊雙白鷺，無愁頭上亦垂絲？㊶

〈贈內子〉詩：

白髮方興嘆，青娥亦伴愁。寒衣補燈下，小女戲床頭。闇澹屏帷故，淒涼枕席秋。貧中有

等級，猶勝嫁黔婁。㊷

《白集》中有許多以白髮爲題材的作品，充分顯示白居易對「老去」的落落心情，但儘管落落，他還是能「正視」（不斷以之爲詠，正是一種敢於正視的強盛生命表徵）並且寫出幽默的句子，〈沐浴〉首四句令人噴飯；〈白鷺〉後二句轉謔白鷺，出人意表；〈贈內子〉苦中作樂，調侃自我、調侃妻子。白居易的諧趣與韓愈不同，是夾雜淚水的笑，也更符合幽默的眞諦。

議論說理與諧趣的表現，轉變了漢魏六朝以來詩歌的「抒情」性，也轉變了以「感傷」爲基調的抒情氣質。

㈡

韓、白俱「以文爲詩」，前人固已言之㊸。所謂「以文爲詩，殆有二點特徵：一則句法散文化，非同於五言詩之二、三音節或七言詩之二、二、三音節；一則極盡鋪敘，務求明白。前者下節討論，此處僅論後者。

前引韓詩〈符讀書指南〉、〈落齒〉等，均是好例。〈符〉詩寫二子由相近至相遠的過程，具體而清晰；〈落齒〉詩寫落齒心情之轉變與生活形態受影響之狀況，亦細膩而鮮明；而〈南山詩〉㊹自望南山寫起，逐層寫南山節候變化、南山四圍形勢，以及登山之實況，層層轉折，次第分明，全是賦體，乃學者所熟知，茲不贅。而白詩之鋪敘似較韓更爲詳切，〈初與元九別後忽夢見之及寤而書適至兼寄桐花詩悵然感懷因以此寄〉云：

曉來夢見君，應是君相憶。夢中握君手，問君意何如？君言苦相憶，無人可寄書。覺來未及說，叩門聲鼕鼕。言是商州使，送君書一封。枕上忽驚起，顚倒著衣裳。開緘見手札，一紙十三行。上論遷謫心，下說離別腸。心腸都未盡，不暇敘炎涼。云作此書夜，夜宿商州東。獨對孤燈坐，陽城山館中。夜深作書畢，山月向西斜。月前何所有？一樹紫桐花。桐花半落時，復道正相思。殷勤書背後，兼寄桐花詩。桐花詩八韻，思緒一何深！以我今朝意，憶君此夜心。一章三遍讀，一句十迴吟。珍重八十字，字字化爲金。㊺

自夢見寫起，先敘夢景依稀，再敘商使叩門，續寫書信內容情境，末敘反覆吟讀來詩，眞細膩曲折。〈新昌新居書事四十韻因寄元郎中張博士〉有云：

冒寵已三遷，歸朝始二年。囊中貯餘俸，園外買閒田。狐兔同三徑，蒿萊共一壥。新園聊剗穢，舊屋且扶顚。簷漏移傾瓦，梁敧換蠹椽。平治遶臺路，整頓近階磚。巷狹開容駕，牆低壘過肩。門閭堪駐蓋，堂室可鋪筵。丹鳳樓當後，青龍寺在前。市街塵不到，宮樹影相連。省吏嫌坊遠，豪家笑地偏。敢勞賓客訪，或望子孫傳。不覓他人愛，唯將自性便。等閒栽樹木，隨分占風煙。逸致因心得，幽期遇境牽。松聲疑澗底，草色勝河邊。虛潤冰銷地，晴和日出天。苔行滑如簟，莎坐軟於綿。簾每當山卷，帷多待月褰。籬東花掩映，窗北竹嬋娟。㊻

買田、鋤草、修葺舊屋、整治道路、栽種植物，乃至周遭環境，莫不絲縷必敘，《唐宋詩醇》云：

「鋪敘新居，詩中有畫。或議其俚俗瑣碎，然不可及處正在此。入他人手，必不能如此詳細。」[47]可謂得之。

韓、白這種鋪敘詳明之表現方式，自不同於前揭典範之「含藏婉轉」，故前人每致憾焉。如張戒《歲寒堂詩話》云：「（元白）其詞傷於太煩，其意傷於太盡。」「情意失於太詳，景物失於太露，遂成淺近，略無餘蘊。」[48]翁方綱《石洲詩話》亦云：「詩至元、白，針線鉤貫，無乎不到，所以不及前人者，太露太盡耳。」[49]值得略辨的是：前人於太盡太露略無餘蘊，率就元、白而論，似不及韓，殆以韓詩較厚重奇崛，未易察其顯露耳。

(三)

韓、白詩句法散文化之例甚多，如前引〈符讀書城南〉「乃一龍一豬」「學與不學歟」、〈落齒〉「意與崩山比」等皆是。另如〈薦士〉「有窮者孟郊」[50]、〈初南食貽元十八協律〉「蠔相黏爲山」[51]、〈送區弘南歸〉「子去矣時若發機」[52]，莫不同然。至於白詩，如〈觀刈麥〉「曾不事農桑」[53]、〈悲哉行〉「手不把書卷，身不擐戎衣」「聲色狗馬外」「山苗與澗松」[54]、〈丘中有一士〉「物莫與之爭」「智愚與強弱」[55]、〈效陶潛體詩十六首〉之一「不動者厚地，不息者高天。無窮者日月，長在者山川」[56]等，亦不勝枚舉。韓、白這種詩句重組解構的作法，當然改變了傳統五言、七言「正常」的音節結構。不僅如此，他們還常以「白話」入詩，除前引韓之〈落齒〉，白之〈沐浴〉均可爲例外，韓〈病中贈張十八〉[57]：「中虛得暴下，避冷臥北窗。不蹋曉鼓朝，安眠聽逢逢。」寫瀉肚子不能上朝，臥聽早朝的鼓聲，令人如歷其境，如聞其聲，深諳口語入詩之妙用；白則更爲常見，〈六十六〉：「病知心力減，老覺光陰速。五十八歸來，今年六十六。」⑱〈和裴令公「一日日一年年」雜言見贈〉：「一日日，作老翁；一年年，過春風。公心不以貴隔我，我散唯將閒伴公。」⑲〈耳順吟寄敦詩夢得〉：「三十四十五慾牽，七十八十百病纏。五十六十卻不惡，恬淡清淨心安然。」⑳不一而足。韓、白詩歌語言之口語化，自然賦予了其詩「俗」的特徵。綜合而言，其去傳統典範語言的「雅正典麗」甚遠。

五

相對於漢魏六朝以來詩歌感傷抒情、含藏婉轉、雅正典麗的美學風格典範，元和時期的韓、白都做了明顯的轉變，一種新的詩歌美學風格正在形成，一種新的典範正在塑造。扼要言之，詩不全然是抒情的，也可以議論說理；詩即使是抒情的，也不必然感傷。它不再是「崇高」的，反而貼近我們日常的生活、日常的感受；它不避直露、不避口語，它無須如此典雅、如此含藏。元和詩人的確開了古典詩歌從未有的奇境。

然而所有上述的論點，嚴格來說，都算不得創見，只是將前人的詩論歸納分析得更具體、更系統而已。而前文大體皆就韓、白二人「相同」角度論，其實韓、白甚有「不同」，韓奇險、白流易，世所熟知，可不贅論；但韓綜合前述之變化又出以奇險，實貫徹其「唯陳言之務去」主張，方東樹說得好：

去陳言，非止字句，先在去熟意：凡前人所已道過之意與詞，力禁不得襲用，於用意戒之，於取境戒之，於使勢戒之，於發調戒之，於選字戒之，於隸事戒之。凡經前人習熟，一概力禁之，所以苦也。61

故韓詩實大變前此之詩歌美學傳統。若謂前此爲「以美爲美」、「以雅正爲美」，則韓詩即爲「以醜爲美」、「以怪變爲美」；換言之，韓詩塑造之詩歌美學風格確是迥異於舊傳統的一種新風格。白居易則不盡然。白詩固有與韓詩同然處——一如前述。但白不求奇險，已使其距舊傳統未若斯之遠；而倘再就白風靡當時之〈長恨歌〉、〈琵琶行〉等詩觀之，其敘情之感傷、語言之典麗，猶大抵同於舊傳統之格調，惟其中有不同者，則在情感表達之曲盡無遺，以及情感世界之泯除階級界線。〈長恨歌〉寫明皇與貴妃之愛情，有如是之描寫：

蜀江水碧蜀山青，聖主朝朝暮暮情。行宮見月傷心色，夜雨聞鈴腸斷聲。

歸來池苑皆依舊，太液芙蓉未央柳。芙蓉如面柳如眉，對此如何不淚垂？

春風桃李花開日，秋雨梧桐葉落時。西宮南內多秋草，落葉滿階紅不掃。

夕殿螢飛思悄然，孤燈挑盡未成眠。遲遲鐘鼓初長夜，耿耿星河欲曙天。鴛鴦瓦冷霜華重，

翡翠衾寒誰與共？

但教心似金鈿堅，天上人間會相見。臨別殷勤重寄詞，詞中有誓兩心知。七月七日長生殿，

夜半無人私語時。在天願作比翼鳥，在地願為連理枝。天長地久有時盡，此恨綿綿無絕期。

雖為古體而多對偶，辭采音聲華麗優美，皆不待言；值得注意的是，寫失去貴妃以後的明皇那種朝思暮想、睹物傷情的脆弱孤寂，非常細膩顯露；結尾更將二人「在天願作比翼鳥，在地願為連理枝」的愛誓情盟說出，不唯逆轉了舊傳統「含藏婉轉」的要求，也顛覆了舊傳統「雅正」的要求；但這種逆轉與顛覆和前文所論與韓同然的那種「變」，顯然有別。它使詩的「動人」情韻更深，力量也更強，乃是因為它把「君王」的感情世界「平民」化了——而這是更合乎「人性」的感情世界。經過白居易此一「處理」，明皇與貴妃纏綿悱惻的愛情遂與一般人之纏綿悱惻完全一致。

〈琵琶行〉亦與〈長恨歌〉相同的具有「辭采音聲華麗優美」之特質；而若云〈長恨歌〉將君王之愛平民化，則〈琵琶行〉即是將傳統「士」之貶謫之情平民化。白居易藉一曾「名屬教坊第一部」而使「五陵年少爭纏頭」，最終卻「老大嫁作商人婦」，甚至只能「去來江口守空船」之歌女之身世與淒涼，襯映出自身之遭遇與感傷；並將二人之「階級」完全泯去，寫道：「同是天涯淪落人，相逢何必曾相識？」身為官的「士」不再只是一個「聽衆」，琵琶女亦不再只是一個「唱者」；二人彼此視為知音，二人其實就是一人——在古典詩歌遷謫羈旅題材的傳統中，白居易留下了罕見的表現樣態。

白居易最大的特點（亦可說是優點），即是此種將「感情」當作普遍「人性」之本質去寫的表現方式。「愛情」之本質爲何？「失意被棄」之本質爲何？本質該如何就如何寫。其與元稹間之詩、函不計其數，然率皆就最眞摯「友情」之本質去寫，前引〈初與元九別後忽夢見之及寤而書適至兼寄桐花詩悵然感懷因以此寄〉可爲代表，《唐宋詩醇》故云：「一意百折，往復纏綿，極平極曲，愈淺愈深，覺兩人覿面對語，無此親切也。」[62]所言甚的。另則〈感情〉一首亦爲好例：

> 中庭曬服玩，忽見故鄉履。昔贈我者誰？東鄰嬋娟子。因思贈時語，特用結終始。永願如履綦，雙行復雙止。自吾謫江都，漂蕩三千里。爲感長情人，提攜同到此。今朝一惆悵，反覆看未已。人隻履猶雙，何曾得相似？可嗟復可惜，錦表繡爲裡。況經梅雨來，色黯花草死。[63]

詩中贈鞋者之心願以及持鞋者之心念，實皆普天下眞情持贈之雙方必有之情懷；結尾之悽婉，亦仍托出世間人事普遍之眞實與無奈。

此種將身分階級之別泯去，而以普遍人性之「本質」書寫各種感情的表現方式，乃是白居易之專擅與特色。此一專擅與特色，應在前人所謂之「淺切」[64]、「近俗」、「淺俗」[65]意義之內。張戒《歲寒堂詩話》於此表達最爲清晰。

> 世言白少傅詩格卑，雖誠有之，然亦不可不察也。元、白、張籍詩，皆自陶、阮中出，專以道得人心中事爲工，本不應格卑。但其詞傷於太煩，其意傷於太盡，遂成冗長卑陋爾。

比之吳融、韓偓俳優之詞，號爲格卑，則有間矣。若收斂其詞，而少加含蓄，其意味豈復可及也？66

梅聖俞云：「狀難寫之景，如在目前。」元微之云「道得人心中事」，此固白樂天長處。然情意失於太詳，景物失於太露，遂成淺近，略無餘蘊，此其所短處。如〈長恨歌〉……敘楊妃進見專寵行樂事，皆穢褻之語。首云：「漢皇重色思傾國，御宇多年求不得。」後云：「漁陽鼙鼓動地來，驚破霓裳羽衣曲。」又云：「君王掩面救不得，回看血淚相和流。」此固無禮之甚。「侍兒扶起嬌無力，始是新承恩澤時。」此下云云，殆可掩耳也。67

元、白、張籍、王建樂府，專以道得人心事爲工，然其詞淺近，其氣卑弱。68

張戒的評論很有意思。「道得人心中事」，是元、白追求的詩境，張戒肯定這個目標，可是又不容許它太煩、太盡，不含藏婉轉，於是判其爲「格卑」。但當吾人見張戒舉「長恨歌」爲例分析，又發現似乎「格卑」的癥結不僅是「略無餘蘊」而已。「皆穢褻之語」、「此固無禮之甚」、「此下云云，殆可掩耳」等語，固然顯示了「格卑」、「淺近」的另一個重要原因在「不成體統」；同時亦顯示了張戒是有「階級」意識的。在張戒觀念裡，詩可以力求「道得人心中事」，然應如淵明，道的是「高士」心中事，而非「凡夫俗子」心中事；自更不可將「高士」與「凡夫俗子」心中事等量齊觀。同理，君王之事可寫，但焉能如此搖曳多姿的寫其與妃子之愛情？張戒明知〈長恨歌〉一類詩，不同於吳融、韓偓等俳優之詞，但又仍以其不合傳統之「雅正」格調；質言之，白詩似乎符合傳統（感傷抒情，辭律優美），又似乎不符合傳統（含藏、雅正），遂使張戒於評論時雖有的見又不免猶疑失據矣。

歷來學者論白詩之「淺近」、「淺俗」，似均未就上文所揭者發揮。其實白詩所以風靡當時[69]，關鍵當即在此一「感情描繪（抒情）之去界線化」手法，而此一「去界線化」亦屬一種「通俗化」。故其詩能「情致曲盡，入人肝脾」[70]；也所以杜牧要以「纖豔不逞」、「淫言媟語」[71]加以批判。而元、白風格相近，自來並稱，故無論李肇《國史補》所謂「學淺切於白居易，學淫靡於元稹」或蘇軾〈祭柳子玉〉所謂「元輕白俗」，實皆可將「淺切」與「淫靡」，「輕」與「俗」合而爲一，並由此悟入矣。

質言之，相對於韓之大變傳統，力塑新風格美，白則頗有在傳統風格典範之內予以「平民化」、「俗性俗情化」之表現。就漢魏以來所形成的詩歌美學傳統而言，韓絕然變出「體制之外」，白則有變於「體制之內」者。故自古典詩歌「另一種」新的美學風格典範而言（其大備於宋詩），韓是首屈一指的宗師型人物，白於此則不得不居「次」[72]；但就原美學風格典範的「延伸之變」而言，則白獨領風騷，殆無疑義。但這種「延伸之變」的事實常爲人所忽略，其意義也常爲人所不察，四庫館臣曾以白居易比擬柳永，而以韓愈比擬蘇軾，其云：

詞至晚唐、五代以來，以清切婉麗爲宗；至柳永而一變，如詩家之有白居易；至蘇軾而又一變，如詩家之有韓愈；遂開南宋辛棄疾等派。尋源溯流，不能不謂之別格，然謂之不工則不可。故至今日，尚與花間一派並行而不能偏廢。⑦③

王易《詞曲史》亦云：

自有柳耆卿，而詞情始盡纏綿；自有蘇子瞻，而詞氣始極暢旺。柳詞足以充詞之質，蘇軾足以大詞之流。非柳無以發兒女之情，非蘇無以見名士之氣。以方古文，則分具陰柔陽剛之美者也。⑦④

二說皆極有見地；而以柳永、白居易並舉，尤爲確當。吾人套用王易之語以喻韓、白，則：韓詩足以大詩之流，白詩足以充詩之質；非白無以發兒女之情，非韓無以見怪傑之氣。歷來「正統」詩論者，恆以韓、白二人爲「變」、爲「俗」，其實其「變」、其「俗」，有近似者，亦有絕不類者，而白之「俗」猶當自前所揭之抒情「平民化」觀之；辨乎此，則自可明二人詩史地位，亦從而可別其於古典詩歌美學傳統中之典型意義矣。

【附　註】

註①見〔清〕馮班：《鈍吟雜錄》（臺北：新文豐出版社，一九八五年《叢書集成新編》），卷七，頁七二〇。

按，元和在貞元、長慶之間，馮氏語自括元和而言。

註②《百家唐詩・序》，見〔清〕葉燮：《已畦文集》（臺北：新文豐出版社，一九八七年《叢書集成續篇》），卷八，頁五一九。

註③見錢鍾書：《談藝錄》（臺北：書林出版公司，一九八八年），頁二一。

註④　呂正惠：《元和詩人研究》（臺北：東吳大學中文研究所博士論文，一九八三年）。

註⑤　如呂正惠有云：「盛唐詩集漢魏六朝之大成，宋詩則是盛唐以外最足以代表另一種詩風的時期……。詩由唐入宋，其關鍵在元和。」（同前註書，第一章第三節）注意到風格問題；而大陸學者林繼中《文化建構文學史綱（中唐—北宋）》（福州：海峽文藝出版社，一九九三年）更注意到元、白轉俗當與傳統的「雅」相對而言；可惜二氏論述因本身著作關涉問題較廣，而未於此具體整合深入析論。

註⑥　七言相較於五言，發展既遲且欠全面——尤其是七古，即便在李、杜以下兼及韓、白諸大家的手裡，數量固仍遠不及五古，體製風格也還是多樂府、七言歌行的色彩，內容、題材更欠寬闊。宋人雖為七古開出新局，但基本上是從前人未盡發揮處用力以見其突破而已。

註⑦　所謂「感傷」，包含鬱悶、無聊、怏怏、寂寥等情懷。這些情懷的本質都是「悲」的，只因作者人格或處世哲學之不同，乃有如此隱微的差異。

註⑧　〔梁〕劉勰：《文心雕龍》（開明本）。本文所引《文心雕龍》咸用此本，不另註頁數。

註⑨　〔梁〕鍾嶸：《詩品》（臺北：藝文印書館，一九九一年《歷代詩話》本），〈序〉。本文所引《詩品》咸用此本，不另註頁數。

註⑩　無論人物的角色如何，〈古詩十九首〉所表現的人物共同的悲哀，都與他們對時間流逝的憂恐有關。「歎逝」一語見於陸機〈文賦〉：「遵四時以歎逝，瞻萬物而思紛」，呂正惠以之概括古詩十九首，詳見氏著：〈物色論與緣情說〉，收入氏著：《抒情傳統與政治現實》（臺北：大安出版社，一九八九年）。

註⑪　蔡英俊、呂正惠二氏於此論析甚詳，如蔡氏云：「就傳統詩歌的歷史發展而言，〈古詩十九首〉這一系列的作品是中國抒情詩的發端；〈古詩十九首〉在詩歌形式（五言）與內容（反應存在的各種情境）方面的表現，都足以說明它們與抒情傳統間的密切關係。」至於呂氏則在區別了古詩十九首與三百篇不同的抒情特質，而曹植、阮籍等又繼續這種抒情內涵後，說道：「後代的詩人基本上是承襲了早期五言詩（即指曹、阮等人）的精神，因而使得早期五言詩，尤其是〈古詩十九首〉，成爲中國抒情傳統的眞正『源頭』。」蔡氏論點詳見其《比興物色與情景交融》（臺北：大安出版社，一九八六年），第一章；呂氏論點詳見前揭文。

註⑫　有關「物」不能離情，「物色」實即與「情興」一體的結構，廖師蔚卿以及前揭蔡、呂二氏俱有論述。廖師乃自詩、賦同質的角度論體物緣情，乃至以求巧麗，殊爲一體，是六朝詩整體結構的基本型式，乃是當時文學思想的實踐，詳見廖師〈從文學現象與文學思想的關係談六朝「巧構形似之言」的詩〉，收入其《漢魏六朝文學論集》（臺北：大安出版社，一九九七年）。至於蔡氏，觀其前揭書名即可知，站在相同的觀點論述六朝美學典範之形成，書中第三章專論物色，可參；呂氏則清晰言之：「『物色』和『情』是不可分的，『物色』是人所認識到的『客體』，而『情』則是人對於自己的『主體』性格的了解。」見前揭文。

註⑬　鍾嶸對曹植推崇備至，《詩品》卷上評曰：「其源出於〈國風〉，骨氣奇高，詞采華茂，情兼〈雅〉怨，體被文質，粲溢今古，卓爾不群。嗟乎！陳思之於文章也，譬人倫之有周孔，鱗羽之有龍鳳，音采之有琴笙，女工之有黼黻；俾爾懷鉛吮墨者，抱篇章而景慕，映餘暉以自燭。故孔氏之門如用詩，則公幹升堂，思王入室，景陽、潘、陸自可坐於廊廡之間矣。」（頁一〇）。相對於鍾嶸的這種歎賞，劉勰顯得比較矜重保守，這也許與《文心雕龍》基本上不是作家論有關，但如果看謝靈運曾說：「天下才有一石，曹子建獨占八斗，我得一斗，天下共分一斗。」則晉、宋以降，曹植爲詩人之美之典型，殆爲普遍共識。

註⑭　鍾嶸對每一詩人有極細緻的批評，或指出其「氣過其文」（劉楨）、或指出其「文秀質羸」（王粲）、或指出其「傷直致之奇」（陸機）、或指出其「頗以繁富爲累」（謝靈運）。綜合這些批評，一方面可見鍾嶸心目中理想的標準，一方面也可以體會出：各家之不足，乃是就最嚴格標準「求疵」而來。

註⑮　見王夢鷗：〈貴遊文學與六朝文體的演變〉，收入其《古典文學論探索》（臺北：正中書局，一九八四年），頁一一九。

註⑯　參見呂正惠：《杜甫與六朝詩人》（臺北：大安出版社，一九八九年），第二章〈漢魏晉詩的三個傳統〉。

註⑰　〔明〕胡應麟《詩藪》（臺北：廣文書局，一九七三年《古今詩話續編》本）云：「第自三十八章外，餘自是陳隋格調，與〈感遇〉如出二手。」見〈內編・古體中・五言〉，頁二二上，總頁一二四。而初唐五律，陳子昂與沈佺期、宋之問、杜審言並稱作手。

註⑱　參見蔡瑜：〈唐詩學中意境理論的形成〉，收入氏著：《唐詩學探索》（臺北：里仁書局，一九九八年）。

註⑲　有關李白對漢魏六朝詩人稱美學習的資料可參看劉維崇：《李白評傳》（臺北：臺灣商務印書館，一九九六年）。

註⑳　語見〔唐〕元稹：《元氏長慶集》（臺北：臺灣商務印書館，一九六五年《四部叢刊》影印明刊本），卷五六，〈唐故工部員外郎杜君墓係銘〉，頁一七四。

註㉑　這一點，呂正惠論之甚詳，請參氏著：《杜甫與六朝詩人》（臺北：大安出版社，一九八九年）。

註㉒　引文皆見〔唐〕殷璠撰：《河嶽英靈集》（臺北：臺灣商務印書館，《四部叢刊》影印明刊本），頁一～二。

註㉓　張伯偉：《全唐五代詩格考校》（西安：人民教育出版社，一九九六年）。文內引文即依此。案：王昌齡《詩格》之眞僞問題，業經學者考訂，參見王師夢鷗〈王昌齡生平及其詩論〉，收入前揭《古典文學論探索》。

註㉔　同前註，頁一三八。

註㉕　同前註，頁一三九～一四〇。

註㉖　同前註，頁一三九～一四〇。

註㉗　同前註，頁一四三。

註㉘　同前註，頁一五〇。

註㉙　《詩格》中論此種種詩境，舉例多爲魏晉六朝詩句，殆標古以示崇高也；無非強調詩應如此，不分古近。

而此固唐人獨有體會，則謂其以深入近體方有得，應非妄言。

註㉚　呂正惠對詩歌形式體裁與詩歌內在情調的關係有專文探討，請參氏著：〈中國文學形式與抒情傳統〉，收入前揭《抒情傳統與政治現實》。

註㉛　〔宋〕嚴羽：《滄浪詩話》（臺北：河洛圖書出版社，一九七九年《校釋》本），〈詩辨・三〉，頁六。

註㉜　同前註，〈詩辨・五〉，頁二四。

註㉝　如崔顥的〈黃鶴樓〉、王昌齡的〈芙蓉樓送辛漸〉、李頎的〈送魏萬之京〉、高適的〈除夜作〉、〈人日寄杜二拾遺〉、岑參的〈逢入京使〉、〈行軍九日思長安故園〉、李白的〈宣州謝朓樓餞別校書叔雲〉、〈夜泊牛渚懷古〉。

註㉞　唐人極多送別詩、懷鄉詩，這反映了唐代社會已成為一個「流動」的社會，不同於六朝門閥那種「不動」的狀態。這種「流動」的社會使唐人不斷為自己的目標「奔波」；可是奔波的結果又往往是「無成」，這就造成唐人特有的傷情。

註㉟　〔唐〕韓愈著，錢仲聯集釋：《韓昌黎詩繫年集釋》（上海：上海古籍出版社，一九八四年。以下簡稱《韓集》），卷二，頁二三八。

註㊱　《韓集》，卷九，頁一〇一一。

註㊲　〔唐〕白居易著，朱金城箋校：《白居易集箋校》（上海：上海古籍出版社，一九八八年。以下簡稱《白集》），卷一五，頁九五二。

註㊳《韓集》，卷二，頁一七一。

註㊴《韓集》，卷六，頁六六六。

註㊵《白集》，卷一〇，頁五三六。

註㊶《白集》，卷一五，頁九三七。

註㊷《白集》，卷一七，頁一〇六六。

註㊸〔宋〕陳師道《後山詩話》（臺北：藝文印書館，一九九一年《歷代詩話》本）云：「退之以文為詩，子瞻以詩為詞，如教坊雷大使之舞，雖極天下之工，要非本色。」（頁一八五）。〔明〕許學夷《詩源辨體》（北京：人民文學出版社，一九八七年）：「（白樂天）敘事詳明，議論痛快，此皆以文為詩。」（卷二八，頁二七一）。另案：我國古代文體，議論本見於文，故許氏「以文為詩」括議論而言，本文則將「議論」一項抽出先論。

註㊹《韓集》，卷四，頁四三二。

註㊺《白集》，卷九，頁四八九。

註㊻《白集》，卷一九，頁一二六九。

註㊼〔清〕乾隆敕編：《唐宋詩醇》（北京：中國三峽出版社，一九九七年），卷二四，頁五〇二。

註㊽〔宋〕張戒：《歲寒堂詩話》（北京：中華書局，一九八五年《叢書集成初編》本），卷上，頁九、七。

註㊾〔清〕翁方綱：《石洲詩話》（上海：人民文學出版社，一九八一年一月），頁六六—六七。

註㊿《韓集》，卷五，頁五二八。
註51《韓集》，卷一一，頁一一三二。
註52《韓集》，卷五，頁五七六。
註53《白集》，卷一，頁一一。
註54《白集》，卷一，頁四九。
註55《白集》，卷一，頁六四。
註56《白集》，卷五，頁三〇三。
註57《韓集》，卷一，頁六三。
註58《韓集》，卷二九，頁二〇四七。
註59《白集》，卷二九，頁二〇四七。
註60《白集》，卷二一，頁一四五四。
註61方東樹：《昭昧詹言》（北京：人民文學出版社，一九六一年），卷九，頁二一八。
註62《唐宋詩醇》，卷二一，頁四五二。
註63《白集》，卷一〇，頁五六二。
註64〔唐〕李肇《國史補》（臺北：世界書局，一九五九年《四部刊要》新校本）：「元和以後，爲文筆則學奇詭於韓愈，學苦澀於樊宗師；歌行則學流蕩於張籍；詩章則學矯激於孟郊，學淺切於白居易，學淫

註㊿ 靡於元稹，俱名爲元和體。」卷下，頁五七。

註㊀ 〔宋〕周紫芝《竹坡詩話》（臺北：藝文印書館，一九九一年《歷代詩話》本）：「『玉容寂寞淚闌干，梨花一枝春帶雨。』人皆喜其工，而不知其氣韻之近俗也。」（頁二〇一）。〔宋〕吳聿：《觀林詩話》（臺北：藝文印書館，一九八三年《續歷代詩話》本）：「（樂天）而乃甘心於淺俗。」（頁一四五）。

註㊁ 《歲寒堂詩話》，卷上，頁九。

註㊂ 同前註，頁七。

註㊃ 同前註，頁一。

註㊄ 當時倡妓有能歌〈長恨歌〉者，身價百倍；而海內士人爭傳，海外國相爭購之情況，觀《舊唐書》、《新唐書》本傳可知。而元稹〈白氏長慶集序〉亦有詳述。

註㊅ 語見〔金〕王若虛：《滹南詩話》（臺北：藝文印書館，一九八三年《續歷代詩話》本），卷一，頁六一四。

註㊆ 語見〔唐〕杜牧：《樊川文集》（臺北：臺灣商務印書館，一九七九年《四部叢刊》影印明刊本），〈李府君（戡）墓誌銘〉，卷九，頁八二。

註㊇ 當然韓白於此皆有承杜甫而來，參見前揭呂正惠：《元和詩人研究》。

註㊈ 〔清〕永瑢等撰：《四庫全書總目提要》（臺北：臺灣商務印書館，一九八三年），〈東坡詞提要〉。

註㊉ 王易：《詞曲史》（臺北：廣文書局，一九八八年），〈析派第五〉，頁一七七。

敘史與詠懷

——臺靜農先生的中國文學史書寫

一、前言

我上過臺先生的《楚辭》課，可惜沒趕得上他的中國文學史。入研究所後迄今，我的興趣一直在文學史課題，近幾年來也濫竽講授中國文學史，當然參考過民國以來諸前輩先進的相關著作，其中包括日本學者吉川幸次郎、前野直彬等人的專書①，卻一直無緣得見臺先生當年的講義。這一次因爲紀念臺先生百歲冥誕，幸賴台大圖書館慨將書稿影印，始有機會逐字閱讀。於我個人而言，這是值得銘記珍惜的經驗。欣喜之情固然有之，但另外一種揉合景仰、感動、悵惘、慚愧，以及悲哀的複雜心情則更爲強烈。此因無他，蓋臺先生字裡行間所展現的博學、不苟、卓識、眞情，都見證著一種典型的消逝。哲人已遠，後起者復勇於追新而疏於回顧，則孰又能沾風華於百一？謹依臺先生書稿內容，試加爬梳提要，唯冀於來者之啓發能有纖芥之助也。

二、文學史方法論

臺先生有〈中國文學史方法論〉一稿，開章即檢討中國原有之文學方法，以爲不出四項：㈠流別㈡體製㈢作法㈣批評；而亦有三弊：㈠太偏重形式而忽略內容，㈡不注意文學與社會之關係，㈢不注意作者之文學環境及心理上的發展。故稿內特立〈作者的文學環境〉〈社會環境〉〈傳記的研究〉〈年譜的研究〉等節，一一指示治文學史基本而必要的方法。以「文學環境」而言，臺先生側重：⑴作者與時代風氣，⑵作者與家庭，⑶作者與朋友三方面的關係，他並且分別舉例說明：於第一種關係，指出建安七子，「雖體所專，然文重行氣，詩尚聲調，至於用字鑄句，極盡雕鍊，其傾向則一也。」而初唐四傑「詞旨華麗，固緣陳、隋之遺；而其意象老境，正是初唐特色。蓋四傑地位，上則結束六朝，下則創造新體，此杜甫所謂『當時體』也。」②二者皆時代風氣使然；至於第二、三種關係，則司馬談與司馬遷，班彪與班固，曹氏父子，阮瑀與阮籍；韓愈與柳宗元、孟郊、李賀、賈島，白居易與元稹、劉禹錫……等等，則例不勝枚舉矣。以「社會環境」而言，臺先生提示應注意⑴家世與生活，⑵政治階段，⑶社會型態等因素。而第一種因素中，爲世家、爲平民，居地爲南、爲北，境遇爲顯宦、爲飄泊、爲竄逐、爲刑辱；第二種因素，則處盛世、處亂世、處國祚交替時，乃至作者所屬之政治關係；以及第三種因素中，制度如何、階級如何、生活形態如何——凡此，莫不影響作品之內容與風格，進而形成文學史中的各種類型、特色。③

無論自「文學環境」或「社會環境」觀之，我們都可發現臺先生觀點的主體乃在「作者」，故遂又有「傳記研究」，「年譜研究」等主題探討。前者企圖透過文士自作傳記、史家所作文士傳以及私家文士傳等材料，深入了解作者生活中的事態，以及種種事態與其作品的關係；後者力求重要事蹟與著作按年排比，俾使讀者一目了然——其目的固與前者無殊。惟臺先生除強調作品與事蹟的關係外，尤其不斷致意應注意譜主之社會環境及文學環境，其舉杜甫爲例，以爲吾人於杜甫應注意二時代背景：一則安祿山之亂以前，一則肅宗及位以後，蓋二階段之政治、社會已然產生巨變，則杜甫的作品自亦因之不能不變。觀察至此，我們不難體會，臺先生的文學史方法論，其前提絕然在「歷史」的研究法——然既治文學「史」，則本應重種種背景、事件關聯之考察，則臺先生此見似無何特殊處。但重要的是，我們看近百年來國人文學史著作，或根本缺少「史」的考察；或雖有之，卻流於單純之考證而無以架構、整合各個環節間的聯繫，是於臺先生所云，其實「知之」不易，「行之」尤難，而吾人亦自可體會臺先生用心之良苦與立意之可貴矣。在臺先生觀念中，所有「客觀世界」的了解、掌握，爲的都是回歸「主體境界」的扣合，因此文學史的變化不是機械式的，乃是流動的、鮮活的、有生命的、可感可念、可省可思的歷程與體系，而如果我們再看到臺先生於史家文士傳記因限於體例不能備述文士之「全部生活」，而一般私家文士傳記亦不注意文士「全部生活」而深覺有憾；又對年譜的考訂，不厭其詳地交代：譜主之事蹟太少時，當如何就群書中鉤稽；譜主事蹟過多時，當如何以特殊的鑑別力抉其去取；舊有記載有誤時，如何辨其錯誤……，則吾人更不難體會，臺先生心中是以何等高度的標準、何等博深確實的識能與工夫，去面對他的文學史書寫。因之，在看似無何特殊的觀點之下，其實含藏著最本質的、深邃的，具永恆意義的見地與信念，教我們一方面無限折服，心嚮往之；一方面又自慚虛淺，深覺難以企及其所標舉的境界。④

值得附帶一提的是，臺先生雖然不滿中國原有文學方法論體製，講作法，太偏重形式；卻在其《文學史方法論》中仍專立〈形式的研究〉一講，除「體製」外，更標「意境」、「詞藻」二項。其謂「體製之所以形成，是由內容決定的」，「內容便是作家的思想；而思想的形成有兩個原動力：㈠作家所屬社會文化發展程度，㈡作家所屬的社會間的相互關係影響於作家的生活環境。顯然，在這裡，臺先生已躍出一般人對「形式」的膚淺認知，深刻銳利地穿透至「形式」背後所牽繫的豐富意義，所以他能指出中國文學史中的一種重要現象：「作家每喜摹前人體製，……進而亦可知作家所受之影響。」復能體察「體製」之摹，或有得其形而不得其神者，故須以「意境」爲準，辨之、求之。⑤而意境摹擬之作，往往雖類屬擬古，「實則抒寫個人之憂憤。」⑥吾人藉此方法以窺作者淵源，詩、文皆所同然。至於重視「詞藻」，則因離開詞藻則不能成文章，而各作家均有其特殊之詞藻，吾人亦可從而鑑別某屬某，某非屬某，而淵源傳承亦因此可求。除此而外，臺先生復諄諄提示當注意作品之題目、作品之內在思想、內在情緒以及文字表現法、句法等。

大體而言，其要旨不僅在「文學」的研究，亦仍側重於流別之體會與掌握也。⑦

三、方法論的實踐與闡發

臺先生是知行合一的，他的文學史方法論既略如上述，其整部中國文學史書稿，亦處處展現爲方法論的實踐，同時也是方法論更具體詳實的闡發。舉例言之，臺先生述漢代文學發展，首重漢封建制與帝王倡導二因素之影響，其引馬端臨云：

西漢之封建，其初也，則剗滅異代之所建，而以畀其功臣；繼而剗滅異姓諸侯，而以畀其同宗；又繼而剗滅疏屬劉氏王，而以畀其子孫；蓋檢制益密，精防益深矣。景、武而後，令諸侯王不得治民補吏；於是諸侯雖有君國子民之名，不過食其邑而已，土地甲兵不可得而擅矣。……蓋罷侯置守，雖始於秦，然諸侯王不得治民補吏，則始於西都景、武之時。蓋自是封建之名存，而封建之實盡廢矣。

可知漢代之封建與古代封建不同，一爲土地集中於中央，無所謂王國的國土，因此可見漢代帝國之龐大。有漢一代文學既皆孕育於此種龐大官僚主義之封建社會，則系別雖不一，而率與其社會相照映：賦之弘麗如畫卷，文之緣飾以儒術，莫非符應。至於帝王倡導之影響，臺先生以爲竟使「漢代文學走上形式路上發展」「其理由非常單純，就是在中央集權的封建主的統治下，社會文化既被統一，人民思想便被膠固，即有天才的作者，也掙脫不了封建主羈絆，於是文學作品只得走向形式的道路——失去了思想的活力，只有死拽著打轉。」⑧

再如述曹魏文學，臺先生認為曹操的政治特色是「刑名」。面對紛亂的局面，曹操必須用這種嚴肅的態度來鞏固他的政權，而這種態度影響到文學的，便是「清峻」的風格。所謂「清峻」即「簡約嚴明」之意。其次，鑒於黨錮之禍以後，清流之士，人所共仰，骨氣愈強，衍為固執，而固執不可用以治國平天下，曹操乃倡「通侻」，「通侻」即「隨便」之意——這在文學上的影響，便產生了自由書寫的風格。及至曹丕，承兩漢詞藻遺風，在「清峻」「通侻」之下又加以「華麗」；而丕又主張文要行氣，所謂氣者，便是「氣象壯大」之意。故總觀魏代作風，不外清峻、通侻、華麗、壯大，直至兩晉，亦不過如此。

二例共同見證臺先生是如何從政治、社會等時代背景的因素深深切入，一眼覷盡事情的眞相，掌握文學變化與形成的關鍵，言簡意賅，針針見血。整部書稿，精彩之論亦因之俯拾皆是。為使學者更有感知、體會，以下爰依書稿結構、順序，再略做拾掇說明。

㈠先秦

臺先生論中國文學的起源，首先提示要放在與世界各民族的共同性上看，所以不能拋開跳舞與音樂。而後隨即引〈檀弓〉云：「人喜則斯陶，陶斯詠，詠斯猶，猶斯舞。」以及《詩・大序》云：「情動於中而形於言；言之不足，故嗟歎之；嗟歎之不足，故永歌之；永歌之不足，不知手之舞之足之蹈之也。」並且說道：「足見我們的古代學者是了解原始的歌與舞蹈、音樂相互之關係的。所以有韻律的姿勢便是跳舞的起源，有韻律的聲調便是音樂的起源，有韻律的語言便是詩歌的起源。」臺先生的這種論點並非他獨有，乃是讀文學的人所共知，但教人讚嘆的是，沒有人講得這麼「簡要明白」。而更值得注意的是，臺先生接下來綜引《呂氏春秋》「葛天氏之樂，三人搖牛尾投足」、《周禮》「方相氏掌蒙熊皮……」、《山海經》「大樂之樂，夏啓于此舞九伐……」、《易．中孚》「得敵，或鼓、或罷、或歌、或泣」〈樂記〉「舞莫重於武宿夜」等記載，以及《文心雕龍．明詩》、孔穎達《毛詩正義》、《禮記．曲禮》、各地「杵歌」等材料，詳加分析、解說，一一強調感情是一切文學藝術的原動力，而樂舞謳歌之產生，莫不與其民族生活有直接關係。其蒐羅材料之廣、會通之深，在在見證臺先生用功之勤篤、用心之懇切，這對後起的我們而言，無疑是應積極學習的。

常見的中國文學史，多自周代述起，間有及於殷商者，也寥寥數語，看不出觀點。臺先生特立〈殷商時代文學的片斷〉一節，綜合各種史料、出土文物，推殷代社會已由畜牧經濟進而爲農業經濟；其風俗，信鬼神、重巫卜、好美術、喜飲酒，其想像力之豐富，遠非後來號稱文化燦爛的周代所能及。故文學作品雖於甲骨中未見，但以爲當殷末周初之時，能有如《史記．宋微子世家》所記箕子〈麥秀歌〉及〈伯夷列傳〉所記〈采薇歌〉等之歌詩，應該是可信的。

對於孔子刪詩之說，前人固已多所考訂，但臺先生有更「明確」的意見。他認爲《漢書．禮樂志》所謂「雅頌相錯」，是指聲律錯雜而言，因此會出現本來是雅歌，奏出來的卻是鄭聲，孔子說：「惡鄭聲之亂雅樂也」正是這個意思。《論語・八佾篇》所載「子語魯太師樂，曰：『樂其可知也：始作，翕如也；從之，純如也，皦如也、繹如也，以成。』既然是向魯太師提供意見的口氣，所以孔子對於三百篇的貢獻，是樂的方面而不是詩的本身；所以孔子自己也說：「吾自衛返魯，然後樂正。」臺先生再一次展現了他會通資料、活用資料的能力。

對於屈原一派風格的淵源，臺先生特別列《說苑》〈至公〉〈正諫〉〈善說〉等篇、《新序・節士》《論語・微子》《孟子・離婁》，以及《左傳・哀公十三年》共七篇楚人歌證之，並詳引〈善說・越人歌〉為例，其越語譯為楚說則為：「今日何日兮，搴中洲流？今日何日兮，得與王子同舟？蒙羞被好兮，不訾詬恥？心幾煩而不絕兮，知得王子。山有木兮木有枝，心悅君兮君不知。」又引《列女傳・卷二・柳下惠妻》之誄文，注明此誄語法與屈原〈橘頌〉同。凡此種種說法均極精要，亦正為臺先生〈文學史方法論〉所謂自形式、句法考察文學傳承之例也。

㈡兩漢

臺先生這種對「探本尋源」的重視，又表現在他對賦的討論上。他首先辨正「賦」的字義既假借為「敷」，又假借為「誦」；而《左傳》中之賦詩，即誦詩之意；《漢書・藝文志》說：「傳曰：不歌而誦謂之賦。」可見此一定義不始於班固；繼引《周禮・大司樂・注》：「以聲節之謂誦」，認為誦是聲音有頓挫，「誦其言謂之詩」（《漢書・藝文志》），可見賦亦屬於詩的範圍，故班固又云：「賦者，古詩之流也。」至於《周禮・大師・鄭注》：「賦之言鋪，直鋪陳今政教善惡」只是說明賦這種文體的做法，賦的「本質」還是「誦」的。臺先生最後爲賦下一界說：賦的文體是朗誦的，賦的內容是鋪陳政教善惡的。

辨義之後，臺先生繼續闡述賦的產生過程，復綜匯《周禮》《國語》《荀子》《史記》等記載、注疏，考訂賦的初型是古代殘廢賤民的一種技藝，其在宮廷中，也僅如倡優侏儒一流，提供皇帝娛樂而已。後由民間口誦形式影響文人摸擬，變成後世所謂「賦」，而其最早作品，即《荀子》〈成相篇〉及〈賦篇〉。

對於漢賦的發展變化，臺先生還有一段極精采的話：

> 「詩人之賦麗以則，詞人以賦麗以淫」這是揚雄自懺的話。我們很可以拿這話來劃分賈誼及其後來的作家不同的作風。要表現自己、反映時代，這便是從屈原到賈誼一派的特色，也就是詩人的精神。要鋪采摛文，導諛皇帝，不問內容如何，但承人主之喜悅，這便（是）「辭人」的「熱衷」。賈誼以後就是這一派「辭人」盛行的時代。

臺先生拈出「詩人的精神」「辭人的熱衷」，眞是銳利深刻之見。這不僅鮮明的判別了漢賦的兩類，讓我們明白「辭」、「賦」畢竟不同；同時也讓我們體會到中國文學傳統中自有「詩人」一類——而這「詩人」精神，又不僅於詩的傳統中可見，即在文的傳統、小說的傳統中亦可見。而臺先生亦因此乃能於漢代散文論述中，除一般常見之「諸子系統」「史傳系統」外，另立「文士文」一系統，以鄒陽、枚乘、嚴忌、司馬相如爲變諸子系統，失去思想內容之代表；以蔡邕碑傳文爲變史傳系統，失去了歷史眞實性之代表。並云，自此之後愈演愈烈，終造成極端的形式美⑨。

㈢魏晉

述魏晉文學史，臺先生較特殊的是，以甚多的篇幅條析其時代思潮，依序論述：由重刑名而產生的新風格（前己述及）、由校練名理到老莊玄學、嵇阮放誕及其影響、玄風與清談等，隱然暗示不知玄學、佛學、政治，則無以知魏晉文學。其次，對魏晉文士，依相關評論，列舉重要人物，一一詳加考論，不偏廢任何一家，亦不側重任何文體。如其論阮瑀，引其〈七哀詩〉：「丁年難再遇，富貴不重來。良時忽已過，身體爲土灰。冥冥九泉室，漫漫長夜臺。身盡氣力索，精魂靡所能。嘉餚設不御，旨酒盈觴杯。出壙望故鄉，但見蒿與萊。」而有如下動人的剖析：

以悲觀的想像，寫出人生的虛幻，既樸質而又眞切，這在建安作品中是別出一格的；富貴無常、人生虛幻，本是建安詩人共同的感慨，然從無如此涉想的。人們能想到「身體如土灰」的時候，一定會感到生命之可愛、現實之可貴；相反的，人們能了解，人間世的富貴與貧賤者最後都得歸於同一的命運，也可以不必執著於現實了。後來陶淵明自挽詩，與阮瑀此篇，不能說無相當關係。

臺先生又說：

再者他的〈詠史詩〉也是値得注意的。以歷史人物爲題材，本始於班固，可是固詩只陳述一人之事，不見作者的思想與情感，殊不足貴。太康詩人左思，取前賢的史實，寓自家的感慨，後世詠史之作，奉爲宗派。但此種手法，並不始於左思而始於阮瑀，特左詩最成功，以致瑀詩反爲所掩。

我們因此得以體會，治文學史，文本的細讀是多麼重要！而前人的意見絕不可忽略，但亦不必盡信。歷來於阮瑀只重其文，不重其詩；《詩品》雖稱，亦略云「平典不失古體」而已。臺先生不放過所有材料，又細繹文本，所以能見人所未見。

其餘如：論徐幹，舉其〈情詩〉爲例云：「幹詩善於抒情，今存詩只有四首，皆纏綿悽婉，實上承古詩十九首之餘緒，而下開六朝綺艷之風。」論應璩，則舉其〈三叟〉等詩，指出應詩在詞藻高華的時代，居然大膽作白話詩，乃有意創造一種白話詩的風格，故能給後來的大詩人陶淵明以影響。凡此，亦俱超越一般文學史論述之格局矣。⑩

㈣南北朝

南北朝是中國文學史上形式美無以復加的時期，臺先生於此並無與衆不同之見，但論述極清晰扼要，有邏輯、有結構，則又遠勝同類之作。其〈文學技巧的發展〉一節，標舉聲律說、用事之風尚、句法等三目，分別闡論聲律說至永明時已成熟；用事之風愈演愈烈，文章殆同書抄；句法則文必駢麗，且講求「四對」（言對、事對、反對、正對），終則走上四六等現象；而結語云：「作品的聲調，有了一定的定律；作品的語言，有了已經編好的典故；句法的運用，也有了一定的形式。足證這一時代的文學形式的發展，已經達到了最高峰。」讀者讀之，對這一時期文學內容與形式立即可以了然，全無窒礙。至於「輕艷」風格所以形成，臺先生的分析是：

南北朝的政治是對立的，但在思想方面卻共同的以佛教思想爲歸依，梁武帝且因此而滅亡。佛教的出世思想所以能盛行於南北朝的原因，不外南北朝都在動亂不安的情形之下，佛教思想遂被接受；帝室王公世族豪彊於安樂的生活中，又往往有人生無常之感，於是將精神寄託於佛教以求解脫；又因感於人生的無常，遂抓住現實而過著無止境的淫樂生活；如此，人間的歡樂即得滿足，死後又可得救升天。爲此原因，表現於文學方面的，既失去了傳統的儒家精神，也不是佛教的出世思想，而是頹廢的、浮淺的輕艷風格。既然以輕艷爲主，那麼只有形式而無內容了。

從時代造成人們心靈的不安；而心靈的不安又圖藉物質與精神兩方面共同撫慰的「心理」層面去解釋文學風格形成的原因，剖析亦甚「體貼入微」。⑪

此外，如論吳歌爲五言絕句之發源，雖非新說，但列舉〈華山畿〉一句三言、兩句五言的形式，到〈華山畿〉〈讀曲歌〉三句五言的形式，到〈讀曲歌〉三句五言、一句七言的形式，再到四句五言的形式，並云今存兩百多首的吳歌中，大部分皆此種形式，如一百一十七首的〈子夜歌〉即是。整個說明極有理路、層次，對讀者獲得鮮明確實的認知而言，效果極佳。⑫

最後，我必須指出，於南北朝文學發展，臺先生還是有他令人欣喜欽佩的論述，例如對詩賦合流現象，臺先生特別強調，此以蕭綱爲最著，並且舉其〈對燭賦〉爲例而云：

這一篇五十二句的短賦，竟有五分之二詩的句子。雖不失其綜合之美，而生動自然，近乎唐人歌行；若衡以魏晉人所作，完全異趣；至其屬對之工整，足以代表齊梁人之風尚；然如『銅芝抱帶復纏柯，金藕相縈共吐荷』，實嫌生湊，又足以代表當時力求工整之通病。

就一篇作品中看出種種或異乎前代、或呼應時風、或開創新體的意義，若問其何能致此？則仍不得不多歸因爲臺先生一絲不苟，細密如髮的文本閱讀功夫。

㈤唐

降及唐代文學，臺先生精采意見益蜂出矣。

首先是其著名的論唐代士風與文學⑬。臺先生詳鉤史實，先論唐初士風、次論進士科與士風、終論文士與朋黨，生動淋漓，使人讀之如在目前。其引《舊唐書・武承嗣傳》謂「公主出嫁，詩人們也得充鼓吹手隨同伺侯」而「公主生孩子，也算大典，居然動員詩人數百人之多，齊來歌頌」又引《舊唐書》〈顏師古傳〉〈崔義玄傳〉等，證明即連大學者如顏、崔人人亦皆依附權勢，貪污納賄，學、行分途如此，唐初士風可以想見——正狄仁傑所謂「文士齷齪」也（《舊唐書・狄仁傑傳》）。又承陳寅恪之說，細述唐人行卷種種可驚可愕之事⑭，並引王仁裕《開元天寶遺事》、孫棨《北里志》等，凸顯進士舉動浮華，放蕩不羈，出入妓院，以爲風流之型態；及至述朋黨，唐人熱衷仕進之情況，至爲鮮明，而亦使人覺其可悲也。

這樣的士風影響於文學，當然是多方面的：初唐所以仍沿六朝宮體遺風；有唐詩歌所以至爲浪漫；詩、文乃至傳奇所以蓬勃發展；娼妓生活所以時爲文學主題；個別作家所以形成其獨特內涵、思想、風格，莫不或單一、或多重的與士風有關。⑮

其次，對古文、傳奇、史傳三者之關係，臺先生亦有獨到論見，爲存其貌，全錄如下：

> 古文與傳奇文兩者內容儘可不同，作風也可不同，但同屬單筆散文則無疑義；而文同源於司馬遷一派的史傳文，亦無可置疑；是韓、柳所作之碑傳文固爲古文，傳奇文的作品也應歸於古文的範圍。再就兩方面的作者的修養來看，又同是具有史才的。至於兩方面分途的原因，則是因爲具有史才的文士，既不得史職，又不能爲私史，於是走向碑傳文的製作，初以爲此種碑傳文雖比不上一代史的的刪述，尚是民族的家乘，其顯貴者亦足供史家的參證。漸至由於死者家屬的請託，而作者則利其潤筆，遂流於阿諛。以排佛老建道統的韓愈出而爲之倡導此種文體，相習成風，蔚爲大國，能說不是引人走向歧途？（按，此說或有偏，詳下節）同時又具有史才而不得史職，復不受正統思想所羈絆的文士，於是另闢境界而爲傳奇的製作，此在碑傳文家眼中，視爲駁雜不經，殊不知與彼等碑傳文的做法，實同一來源也。

在這裡，臺先生實綜合了漢以下文筆之變遷、隋唐私家不得修史的禁令、士人委曲展現其志與才的心理，以及時人觀念⑯等「縱」與「橫」現象的考察，乃成其說。

此外，如對古文不始於韓、柳，引趙翼《二十二史劄記》卷九、卷二十，《舊唐書・柳冕傳》，以爲自唐初姚察乃至獨孤及、梁肅、柳冕等皆爲韓、柳先導；論詩與樂的關係，綜引《唐詩紀事》（李白〈清平調〉）、《舊唐書》〈李益傳〉（〈征人歌・早行篇〉）、〈李賀傳〉（樂府詞）、〈武元衡傳〉（五言詩）、〈元稹傳〉（長慶宮辭）、〈王維傳〉〈王滸傳〉等，證唐代歌妓所唱多爲五、七言絕句，而唐人絕句所以發達，與此不能無關。類此諸例，臺先生所述亦較他人爲細密詳明。

(六)宋

臺先生述有宋一代文學發展篇幅最多，且俱爲親筆手書，但可能仍屬草稿階段，故詳略不一⑰，且未及宋代話本⑱。其中卓見仍多，茲略作撮要如下：

以散文言，能詳稽柳開、穆脩、石介、尹洙等人在歐陽以前之貢獻及對歐陽之影響，並揭韓爲宋人共尊之不祧之祖，故唐宋散文實一脈相承；又特拈蘇轍評歐文「不大聲色」極可注意，蓋韓文大聲鏜鎝，不免有叫囂之音，終不如歐之「容與閑易」有自然之美也。所見所察已越出常作甚遠。

以詩言，先詳引方回《桐江集》、宋犖《漫堂詩說》等，清晰呈現宋詩之傳承、流變、派別、重要作家及其與前代、當代之關係；繼又析述唐、宋詩不同，以爲錢鍾書所謂「唐詩多以丰神情韻擅長，宋詩多以筋骨思理見勝」（《談藝錄》）甚爲得之。至其述宋初詩風及歐、梅以下諸家，則既詳備，又切要，故無論言西崑學商隱，同時又有李昉、徐鉉兄弟、王禹偁、王漢謀等學白居易，而偁係欲自居易以企及杜甫，爲宋初文壇豪傑之士；或辨林逋「描寫山林，不如謝靈運之深杳；書寫襟懷，不如陶淵明之高曠；……觀其喜用事、工對仗，猶是晚唐習氣，故所作幾全是律體而無歌行。」乃至論歐詩「有韓詩的氣格，而無其排戛，一歸之於敷愉；有李詩的飄逸，而無其空靈，一歸之於平易疎暢」，以弘通議論發而爲詩，遂開後來說理之風；論宋人提倡杜詩，「要以王安石爲先而最有力」，但安石僅得杜之句法，未得杜之精神，故更近於韓，加以過分講求遣辭練句、用事、和韻，乃開險仄之路，宋詩之形式主義實由安石培具根芽……；凡此，或較前人所言加詳加闊、或言人所未能言，實令人欽服備至。倘吾人再觀臺先生此稿之分節爲：歐陽脩、梅堯臣、蘇舜欽爲一，王安石爲一，蘇軾、張耒、秦觀爲一，黃庭堅、韓駒、陳師道、晁沖之、晁補之、陳與義爲一[19]，陸游、楊萬里、劉克莊、范成大爲一，則可推臺先生心中與人不盡相同之宋詩體系矣。

以詞言，如論柳永，以爲柳詞所走路徑，非五代作風，乃五代以前民間曲子作風，並謂花間諸人一變民間作風，高華綺艷，成爲文士新體製，至北宋有晏、歐爲之後勁，至南宋更趨典重藻繪，是兩宋大家皆與柳永異趣，其詞愈流行民間乃愈不被重視；逮敦煌俗曲發現以後，世人始知柳永不隨時尚，自有所愛，而一向爲五代詞風所隱蔽之視野乃豁然開朗；說極中肯。又如論黃庭堅，獨拈陳師道「今代詞手惟秦七黃九耳，餘人不逮也。」（《後山詩話》）析論庭堅作詞與詩同然——「以俗爲雅，以故爲新」能將民間俚語加以提煉而不失其雅，又能化腐朽爲神奇，故有獨到境界，在蘇、秦間別成一家，開後世散曲小令作法。說極精闢。我們觀此柳黃二例，可知臺先生對獨出時風、別闢蹊徑，自我倔強、堅持好愛之作者，特予關注，故往往因而能別具隻眼也。

㈦金、元

宋以後，臺先生尙有諸宮調、雜劇、南戲等述論，前者已撰專文〈女眞族統治下的漢語文學——諸宮調〉，發表於《中外文學》一卷一期（一九七二年六月），並收入前揭《靜農論文集》。其中臺先生對變文爲諸宮調遠祖之說不以爲然，認爲實遠紹唐代民間歌曲；而有宋一代所以不見此種作品，反盛於金，蓋兩宋文人詞盛行，此種民間風格爲之所掩之故。後兩者結構甚爲完整，層次亦頗井然，如元雜劇之分章爲：一、元雜劇的時代背景；二、元雜劇所承受的影響——宋雜劇、金院本；三、元雜劇的體製；四、元雜劇所反映的思想與社會生活；而南戲之分章爲：一、南戲的發生；二、南戲的體製；三、南北曲相互的關係；四、南戲作品及其文學價值。對文學史的教學目的與功能而言，臺先生這兩部分的述論是遠較他人爲優，更符合文學史書寫的「本質」的。況其中猶有許多「動人」之見，如〈元雜劇所反映的思想與社會生活〉其開章云：

要知元一代文學以雜劇爲代表者，即由於遊牧民族一旦入主中國，施其野蠻的統治，摧毀了一千餘年的中國的正統文學，剩下的只有民間文學的雜劇；雜劇雖有歷史的承受，但不是正統文體的詩歌、散文，衹是樂府的一脈而已，由這一脈發展成爲中國文學史上的新體，要沒有這一新體的形成，中國文學史眞被蒙古人切斷了。至於這一體怎樣能夠有那樣的輝煌的成就，則是由於無數的漢人的滋潤培植。因此，我們可以說：元劇所表現的正是漢人被野蠻控制下的心聲。這心聲所表現的不單是痛苦的呻吟，還堅強的保守了漢人的文化傳統，所以說雜劇本身便是蒙古統治下漢人社會生活的證明。

其結尾云：

總之，十二科內在的思想與情感，都是漢民族的，以知蒙古人雖統治了廣大的中國土地，而中國人的思想與情感都寄託於戲曲中，元劇之能爲元一代文學的代表，也正由於這一原因。

可以想見臺先生的「民族文化」情懷。再如論南戲之形成及流行，臺先生說：

追溯南戲的形成，我以爲與北宋唱詞的風氣有直接關係，詞從唐末以至北宋都是唱的，即詞的體製，本是合歌唱和音樂的。……由這種風氣發展下去，有趙令畤用一支詞描寫一個故事，……（雖不能敷演），這已使單調的詞向故事描寫的發展，前進了一大步。再發展下去，到了宣和年間，有用不同的宮調來演述一個故事的戲文……南戲既從唱詞的風氣而演變成的，又怎樣成爲溫州的產品呢？按北宋末年，金人深入的時候，沿海地帶的溫州，應是江浙人士認爲最安全的地方，宋高宗也曾逃到過溫州，一度成爲戰時的行都，可想像這一海濱城市頓時有了不正常的繁榮。尤其當時有資格逃難的人，皆不是尋常百姓，他們將詞的歌唱帶到這海濱的城市，然後發現了地方音調的價值，漸漸有了文士參加，於是北宋以來詞的歌唱與溫州方言歌詞合流，以此搬演故事，藝術既因之提高，欣賞者也由里巷民眾進入上層人士，再向外推展，偏安的首都臨安也流行了，溫州腔的戲劇更大大知名了。臺先生所以如此「推論」，實有鑒於南戲與詞關係異常密切，溫州一城即使本有很好的戲劇，亦不可能如今所傳那樣與詞僅有一間之別，況南戲在唐宋詞基礎上廣博吸收古曲的情形，也非某一城市文化所能勝任。臺先生的推論、想像是何等細密、合理！而這其實是處理歷史問題不可或缺的一種「能力」——臺先生於此再一次的給我們深刻的啓示。

四、智者的「主見」

學問之道，雖常言應力求客觀，但其實主觀之見不可能無；而主觀之見於後學者亦未必無可參考、可省思之益；況就我個人而言，恭覽臺先生書稿若有自認可再討辨者，自亦應予提出，本節所述無非此種用心而已。

◎述春秋戰國諸子散文，臺先生結語云：「秦漢以後文學的內容，不外儒、道兩家互相消長，亦相互爲用。表面看來，儒家思想適應於封建社會，而封建主亦樂得御用之以統治天下。於是儒家藉資居於上風，文學之士則緣儒術以取富貴，此風遠自漢代，以至唐宋以下作者。至於儒術是否因之而昌明，又恰恰相反。蓋此輩文學作家之視儒術爲上達的工具，猶之封建主之視儒術爲統治的工具，了無二致。彼以此道來，我以此道去，各不說破，卻相得爲用——此正史家所歌頌的君臣契合，亦君子之能行其道也。如近古所謂『文起八代之衰』，而以文、武、周公、孔子之道自任的韓愈，便是這一派作者的代表。」

按，臺先生此說通貫宏觀，亦稱深刻，的確觸及中國歷史上士人與統治階層間微妙關係之核心；其中尤其還潛藏著臺先生對戰國多元思想的緬懷。但整段文字，指稱太全面，語氣太強烈，獨拈韓愈為此派代表，更顯其對韓愈之「主見」。（有關韓愈，續詳下文）

◎述揚雄、班固賦作，臺先生特加眉批云：「模擬作法能在兩漢辭壇成一主流的原因，乃是武帝統一思想所致。文人思想的範圍既狹而不廣，也只能在形式上摸擬了。」⑳

按，臺先生此說有其可取，亦反映其對武帝統一思想深刻的「感想」，但亦可能有未盡處。蓋賦走入模擬，當與此種文體的功能、性質有關——它本來拓展、變化的空間就不大，則後來者自有不如「仿典範」之心理；其次，這也可能表示賦的活力的衰退；要之，恐未可歸為一因也。

◎述陸機，頗採清人觀點，幾全爲貶辭，以爲其詩有三病：*1.*敷淺*2.*摹古*3.*排偶，並謂「江左詩體之空疏華靡，未嘗不是由於陸機詩的惡影響。」

按，陸機為太康詩人之首，張華、葛洪、鍾嶸等俱稱道之，其固有深蕪巧繁之病，但非全無是處。蓋不論為新題或摹古，亦自有情懷，且極力吸收漢樂府、〈古詩十九首〉及建安之精華，頗有可玩。而江左詩風，時代使然，因素非一，又何能獨咎陸機？〈赴洛道中作〉

二首，沈德潛亦不得不譽為「稍見淒切」，臺先生仍以為「顯然是故作矯飾」，也可見其對陸機之不愜矣。㉑

◎述謝靈運，臺先生以爲其病在「如養木雞，伏伺不輕動一步」，沒有自然格調；同時最大的缺陷是是詩中情志的表現不夠，不露豪情，少有感慨，雖描寫出許多山林勝處，卻不能如淵明有物我兩忘的境界。

按，陶謝二人，題材不同，詩風亦異，實不易輕為比較；而陶詩亦非全然達物我兩忘之境；謝之山水自有興情悟理，絕為其情志抒發，固亦「詠懷」一路。基本上，對陸、對謝的貶抑，多來自於臺先生對「形式主義」的反感。

◎述韓愈，認爲談不上「經誥之指歸」，不過以「遷、雄之氣格」寫其碑傳文而已，而韓一派文體最大成就，便是碑傳文。又認爲碑傳文「作者利其潤筆，遂流爲阿諛」，韓愈「倡導此種文體，相習成風，蔚爲大國，能說不是引人走向歧途？」

按，韓愈倡古文，頗用力於碑傳文，實以其應用性質廣，可以為古文推廣之助也。而韓作碑傳文姿態橫生，絕不阿諛死者，諛墓之說，皆前人陳陳相因之謬見。至謂韓此派文體談不上「經誥之指歸」，亦不盡然；蓋韓、柳俱將孔、孟之道化為飲食起居、夫婦人倫等生活平易之事，已非高談闊論之「嚴辭」。

◎述東坡詞，頗不以陳師道「子瞻以詩爲詞，……雖極天下之工，要非本色」之說爲然。詳引魏慶之（《詩人玉屑》）王若虛（《滹南遺老集》）之文，認同「詩詞只是一理」，並說陳師道「只知歷史的因襲而不知歷史的新變」，「謬說流傳，直至《四庫提要》猶謂蘇詞爲『別格』。」

按，臺先生在此著重創新，又申論「詩詞一理，詩文不同」，以爲詩詞皆「由於感情」，散文則「出於理性」，其說頗可取。但吾人須考慮的是：一方面，「文體」確有它的「本色」；一方面，「本色」之變，爲利爲弊，亦不可必，則「創新」之效爲負爲正遂亦難斷。詩、詞雖同屬「抒情」，但其源不一，其質自異，各持其「本色」而求變，不可逕謂爲「因襲」，或許反而展現文體多元面貌，亦未可知。

五、結語

就我所見的臺先生中國文學史稿中，無論爲眞知灼見或猶可再討辨者，略如上述。從整個小說傳統之論述闕如，又不曾言及古詩十九首、以及明、清兩代等，殆可推想臺先生未及筆之於文者甚多，此不僅爲先生之遺憾，亦後人之大恨也。我讀這些文稿，總覺得臺先生是用極求全的心、極懇切的情，在從事他的中國文學史書寫。他蒐集資料，力求詳密完備㉒；觀照問題，力求深入周延——他不放過任何一段時空，不輕忽任何一個人物，不偏廢任何一種文體㉓；他對作家的一生儘量掌握清晰㉔，對文本的分析務期鉅細靡遺；他的鋪陳層次井然，縱橫關係一目了然；他的敘述誠摯藹然，筆鋒常帶感情㉕。他反對摹擬、反對形式主義，推崇創新，推崇堅持自我，踽踽獨行的人㉖；他顯然深刻的認知到，文學史必賴如此之「活力」，始能代代流衍、永恆書寫。他重視思想，重視眞感情，以爲二者共同構成文學內在的本質與精神；他嚮往多元活潑的文化，他賞愛梗概多氣的人物，他極具民族意識，他強調詩人風刺原是本色㉗；可是他述兩宋詞人又特別細膩、特別感性，別有陰柔情韻㉘。這種種相激相生、相成相異的質素，共同織就了臺先生中國文學史的網絡、塑造了臺先生中國文學史的特色、蘊含了臺先生中國文學史的情感與思考。我相信，面對中國文學史，臺先生是傾注他所有的「熱情」，並恆將「作者」與「作品」置於最核心的位置。臺先生確有他的文學史觀；而在他的文學史書寫中也確實寄託了他個人的性情襟抱與生命情調——這個以「人」、「文」爲主體，以時代、社會等其他因素爲輔翼，其體系之形成自然應然，其流衍之變易各有因果的史觀；以及在歷史敘述中，時時呈現述者自我的寄託——這樣的書寫「方式」與「意志」，似乎都隱然遙接史遷，異曲而同調。在我所見的中國文學史著作中，從未有如此「詩人」之作；換言之，唯臺先生此種「史筆」，斯可謂眞正的「中國」文學史書寫。臺先生的樂章雖然沒有譜完，但我想起〈太史公自序〉說的：「述往事，思來者」，然則後續「遂其志之思」的工作，正待我們發憤爲之。

※施淑教授有〈談臺靜農老師的文學思想〉一文，收入洪範版《臺靜農先生紀念文集》，可與本文參看。另，文內所揭《靜農論文集》頗有文學史相關論述，亦可參考。

【附　註】

註①　吉川《中國文學史》非其親著，乃弟子黑川洋一整理上課筆記而成；前野《中國文學史》爲東京大學學者集體撰作而成。

註②　一般中國文學史之作於四傑雖能推其卓越，亦常引杜甫此戲爲絕句之詩，但未有若臺先生如此精要、詮解之言也。

註③　各項因素中，除「社會形態」一項，臺先生未及多作補充，餘皆繁舉例證，並另於「居地」上加注：「《北史・文苑傳・序》：江左宮商發越，貴於清綺；河朔詞義貞剛，重乎氣質。氣質則理勝其詞；清綺則文過其意。」於「刑辱」上加注：「序遊俠者，蓋嘆無朱家之倫，不能脫己於禍也；述貨殖者，蓋自傷家貧不能贖罪也。」

註④　大體而言，日本學者中國文學史著作之方法與態度，較與臺先生主張相符契，這是值得我們汗顏與省思的。晚近以來，詳密切實地解讀資料（包括文本），並予深思考辨的治學功夫益遭忽視，尤爲學術發展之危機。

註⑤　臺先生於此頗舉〈離騷〉、〈九歌〉、〈七諫〉以下諸摹擬之作，並加批注，如：「宋葉少蘊《石林詩話》嘗怪兩漢間所作騷文，未嘗有新話，直是句句規模屈、宋，但換字不同耳。」以及「唐劉知幾〈模擬篇〉云：『蓋模擬之道，厥途有二：一曰貌同而心異；二曰貌異而心同』；『其所擬者，非如圖畫之寫眞，鎔鑄之象物，以此而似也；其所以似者，取其道術相會，義理互同，若斯而已』；『蓋貌異而心同者，摸擬之上也；貌同而心異者，摸擬之下也。』」用以揭下文「意境」之說。

註⑥ 臺先生於此則引何晏〈擬古〉爲例，並據《名士傳》云：「是時曹爽輔政，識者慮有危機，晏有重名，與魏姻戚，內雖懷憂而無復退也。」又云：「按此詩僅言擬古者，即擬古詩象徵之意境也。」

註⑦ 姑舉二例：一、以題目言，建安作者多喜用樂府題目，臺先生以爲吾人正可由此注意其時樂府與五言的關係，以及樂府的表現法爲建安的詩人所運用的關係。二、以句法言，臺先生云：「西漢大抵皆單行之語，不雜駢儷之詞，或以氣盛，或出雄語，言辭簡直，故句法貴短。」「東漢論辯，往往以單行之語，運排偶之詞，而句法較長，即研鍊者，亦以四字成一語。」「魏代之文，由簡趨繁，雅重詞華，往往以兩句成一意。」此種觀察終於形成臺先生著名之「單筆」「複筆」論述矣。

註⑧ 此處所據爲臺先生以毛筆書寫於國立編譯館稿紙（如公文紙，有行無格）之手稿。按，臺先生述「秦漢文學」另有他人手抄本，二者敘述雖不盡相同，觀點則大致無殊。臺先生又云：「漢以後的二千餘年社會形態未嘗劇變，而文學的發展也只見形式之推移，未嘗有如何劇變。」言雖略覺過甚，但可以想見其「心情」——對身經「五四」洗禮以及國勢劇變的臺先生而言，有這樣的「感想」，毋寧是自然的。

註⑨ 此據前揭他人手抄本。按，臺先生手稿亦有類似論述，但欠詳明，也未明提「文士文」一名。

註⑩ 臺先生在此復特別考辨《初學記》中應瑗〈雜詩〉應爲應璩之作，而應瑗實無其人。詩云：「貧子語窮兒，無錢可把撮；耕自不得粟，采彼北山葛；簞瓢恆自在，無用相呵喝。」

註⑪ 在此需要說明的是，臺先生對於「輕艷」風格也不是只有這麼「簡單」的看法。他在談到宮體詩時，還說：晉宋樂府詩，如〈桃葉歌〉〈碧玉歌〉〈白紵辭〉〈白銅鞮歌〉，皆是淫艷哀音，被於江左的。而作家則有湯惠休與鮑照，「雕藻淫艷，傾炫心魄」（《南齊書．文學傳》論鮑照）「委巷中歌謠耳，方當誤後事」（顏延年評惠休）臺先生在這裡就掌握了「文學」的因素以及「縱」的歷史的因素。

註⑫　臺先生論完五言絕發源吳歌後，提出一個有趣的問題，即：何以不爲七言而爲五言？臺先生的推測是：「這大概由於五字爲句，比七字爲句單純。最早的民歌多是四言，漸漸發展爲五言，再由五言發展爲七言。……同時正統文學的五言詩正興盛於這一時代，多多少少也影響了民間詩人，促成了民間作品的五言化。」臺先生雖然只是推測，（我個人認爲可能還與「溫柔敦厚」的詩教觀念，以及含藏蘊藉的抒情美學傳統有關——蓋就此言，五言音節比七言音節婉轉柔和，更符合這樣的要求。）而五言、七言何以孰先孰後？大概也是文學史上永不得解的問題，但臺先生的話還是深富啓示性——他啓示我們：一個確實存在但後來湮沒不顯的民歌傳統對詩歌發展可能的巨大影響，此其一；對「正統」與「非正統」的互滲，治文學史者必須不斷探索二者的牽動，此其二。

註⑬　臺先生另有專文〈論唐代士風與文學〉，載臺大《文史哲學報》第十四期（一九六五年）後收入《靜農論文集》（台北：聯經，一九八九）。

註⑭　臺先生在此未細別行卷、溫卷、上書等相異及相同處，羅師聯添後有〈論唐人上書與行卷〉一文論述極爲詳密，收入其《唐代文學論集》（台北：學生書局，一九八九）。

註⑮　謹作進一步說明：六朝宮體遺風之襲，緣於唐初類如自居倡優之士風；文學各體之蓬勃及以娼妓生活爲主題，緣於唐人科舉以及上書、行卷、溫卷等風；而唐人既「學」、「行」分途，進士又以詞科出身，文學整體自易趨「浪漫」之發揮；最後，朋黨所予士人心靈種種之扭曲、際遇之不堪，遂形成柳宗元、李商隱等特殊創作表現。而吾人回顧臺先生前此所謂「詩人精神」「辭人熱衷」以及「文士文」等說法，則亦可得而啓發，唐人實與所謂「詩人精神」有間矣——此杜甫所以獨出、所以爲詩「聖」也。

註⑯ 對時人觀念，臺先生還有一段觀察入微的話：「然韓愈所作的〈毛穎傳〉何嘗不是傳奇小說？卻獨能列入《唐文粹》中。韓愈所作的傳奇既是古文，別人所作的傳奇也應是古文，一方面拘於傳統的觀念者的偏見，一方面也透露了他們不能不以傳奇屬於古文的範圍。」

註⑰ 例如，述宋代散文甚簡（述東坡尤覺匆促），述宋詞甚詳。

註⑱ 按，這是可怪的現象。臺先生是重視小說，重視民間文學的。唐傳奇有專章討論，金元以下，亦有專章論諸宮調、南戲等，卻不論宋代話本，而六朝志怪但有雜記，未備體系。不知是否有遺失書稿，或未及筆之於文？待查考。

註⑲ 按，臺先生此節主要論點在辨呂本中〈江西詩社宗派圖〉之矛盾與無謂，殊不值得重視，並謂韓駒、沖之等均不在江西範圍。

註⑳ 見前揭注⑧所稱手稿本。

註㉑ 對照臺先生論曹植、嵇康、阮籍，則不難體會，他對陸機的批評，實有輕視其人格的因素在。臺先生不滿陸機晚節不保，奔競不已——這當然也有臺先生個人的生命價值在。

註㉒ 文內已然提及之論中國文學起源、論唐代士風與文學，皆可爲例。可補充者，臺先生非僅旁搜博引，並且也有其重點，如：述兩漢文學，以《史記》《漢書》《後漢書》《文心雕龍》等爲主要資料；述唐代文學，則新、舊《唐書》及唐人文集爲主要資料。

註㉓ 以時空言，述殷商、述秦、述隋；以人物言，述隋煬帝、述楊素；以文體言，述阮瑀之詩、黃庭堅之詞。

註㉔ 臺先生述各代作者，必詳鉤其生平，且往往夾引、夾敘、夾感、夾議，非僵固之鋪陳也，姑引述阮籍之片段，以見一斑：

《晉書》本傳云：「籍本有濟世志，屬魏晉之際，天下多故，名士少有全者，籍由是酣飲爲常。」又云：「口不臧否人物」，嵇康〈與山巨源絕交書〉亦云：「阮嗣宗口不論人過」；以懷抱濟世之志的人，竟沈湎於酒，不敢論人是非，於是走向老莊的自然主義。他的〈老子贊〉云：「陰陽不側，變化無倫；飄飄太素，歸虛反眞。」惟不執著於現實，澹泊無爲，才能「變化無論」、「歸虛反眞」，此正當時老莊玄學的眞諦。他於莊子則著有〈達莊論〉，……。

註㉕ 此一特色貫穿全稿，姑以述江淹〈恨賦〉爲例：

〈恨賦〉末謂：「已矣哉！春草暮兮秋風驚，秋風罷兮春草生，綺羅畢兮池館盡，琴瑟滅兮秋壟平；自古皆有死，莫不飲恨而吞聲。」自然的歲月無盡，而人生的壽命有限，以有限的人生處於無盡的宇宙中，便是人生的大恨，能參透這一點，則人生之恨雖多端，亦隨虛無而泯滅。

註㉖ 貶抑陸機、謝靈運，推挹陶淵明、鮑照、陳子昂、柳永，皆爲著例。

註㉗　文內已述其反思想之制約，嚮往如春秋戰國之多元活潑文化；而透過其論元雜劇以及論陸游詩：「以志士的心情，激發出的悲憤激越的詩篇，不僅蒙羞的南宋沒有第二人，就在我們的文學史上也是唯一的足以喚醒民族奮起的鼓吹手。」自可見其深具民族意識。此外，從他對「少有才辯，氣尚剛傲」的禰衡，「自知必死，神色自若」的劉琨，以及「馳俠使氣」有王霸才略的陳子昂等之多所揄揚，即可知其賞愛梗概多氣之人。最後，臺先生述三百篇，略抒情而側重哀感譏刺之音；其論東坡詩，不同意《后山詩話》所評「蘇詩始學劉禹錫，故多怨刺，學不可不謹也。」並說：「詩人風刺，原是本色，三百篇刺詩尤多，譏爲『不謹』，眞不可解。」

註㉘　例如：述大晏：「晏殊究竟是富貴中人，沒有李後主那樣國破家亡的命運，所以他喜歡馮延巳，而得之於延巳者亦獨多。他所透露的感情，是人生的淡淡哀愁，似淺實深，令人有無可奈何之感；因此他所體會的境界，高華之中，往往有寂寞淒清的情味。」述小晏：「既侘傺又矜貴，既孤傲亦復豪縱……惟其如此，使他對於人生的體驗，深刻而悲涼。以這種心情寫作，即使游於狹邪，也自有他感情的眞實的表現。……他所表現的這些情感，也是人們所共有的情感，故『能動搖人心』」述秦觀：「觀之所以成功者天資功力固屬必要，而他的深摯的情懷，與用世的才情，處無可奈何之境，不自覺的將身世之感，流露於『淺斟低唱』中，故言外每多悽惋之音，所謂『深厚』『沈著』，亦即在此。」

（收入《臺靜思先生百歲冥誕學術研討會論文集》，台北國立臺灣大學中國文學系，二〇〇一年十二月）

論韓愈之「以詩為文」

——兼論韓文寫作策略之形成及影響

一、

韓愈散文的成就與特色，前人論之已多，但亦因多而不免繁碎，甚且誤解，致重點轉不可見。近人錢穆先生，其學術雖不以文學名世，但一篇〈雜論唐代古文運動〉①，或論唐代之古文運動當追溯於唐代之古詩運動；或就韓公家世及其早年學成名立之經過以證其古文學之淵源；或論韓、柳古文之核心乃在短篇新體，如書牘、贈序、雜記者是。凡此，皆字字珠璣，眞眞知灼見，其有助於後人掌握韓文之菁華，不啻勝過古人千萬言評論。而謂韓乃「以詩爲文」，亦錢氏此文首揭，錢氏云：

陳后山評韓公詩，謂詩、文各有體，韓以文爲詩，杜以詩爲文，故不工爾。竊謂后山此評，亦未全是。謂詩、文各有體，是也。謂韓公以文爲詩，亦是。因謂韓詩不工，則私人之好惡，歷代好韓詩者，必不以爲然。顧韓公之有大貢獻於中國文學史者，實在文不在詩。而韓公之以詩爲文，向來亦無人道及。此我上文所謂散文短篇體類之新演變也。試再稍申說之。

錢氏的話有三個重點值得我們深思：第一，韓愈是「以詩爲文」的；第二，韓愈的「以詩爲文」表現在其短篇新體（按，依錢氏之意，即指書牘、贈序、雜記等）的創作上，而這種嶄新的創作手法，促成了短篇新體的特殊風貌；第三，韓愈這樣的表現使韓文在中國文學史上具有重大貢獻。根據錢氏的論點，我們應該繼續追究探索的是：何謂「以詩爲文」？「以詩爲文」僅表現於韓愈的短篇新體嗎？所謂「文學史上的大貢獻」究竟應如何解釋？

二、

錢氏既揭韓「以詩爲文」之旨，則理當於此有所釋義，錢氏云：

贈別有詩，公讌亦有詩，至於唐，皆變而有序，此等序，其實皆詩之變體。惟韓公深於文，明於體類，故能以詩之神理韻味化入散文中，遂成爲曠古絕妙之至文焉。劉大櫆評韓公〈送董邵南序〉，曰：「此篇及〈送王含序〉，深微屈曲，讀之覺高情遠韻，可望不可及。」張裕釗曰：「寄興無端，如此乃可謂之妙遠不測。」曾國藩評韓公〈送王秀才含序〉，曰：「波折夷猶，風神絕遠。」其他諸家，尚多以評詩語評韓公贈序諸篇，皆可謂妙得神理。

惜無一人能明白言之曰：是乃韓公以詩爲文耳。章實齋《文史通義》有云：「學者惟拘聲韻之爲詩，而不知言情達志、敷陳諷諭、抑揚涵泳之文，皆出於詩教。」其言是矣，然亦未能明論唐、宋諸家之以詩爲文也。余此所論，苟深明於文章之體類流變者，當不斥爲妄言。

可知，錢氏以「神理韻味」爲詩之質素，作文如此，便是「以詩爲文」；錢氏甚且同意章氏之見，言情志、寓諷諭、節奏起伏流動、意韻悠遠不盡，亦皆詩之質素，作文如此，亦便是「以詩爲文」，故錢氏論〈圬者王承福傳〉、〈毛穎傳〉等，遂云：「情存比興，……名雖傳狀，實屬新體。此等題材，若承舊貫，當爲一詩，非眞承襲自史傳也。此則已是……別創新格，運詩爲文之一證也。」

錢氏論點的背後，其實隱藏著詩、文分辨的大觀念在。因爲在中國文學的傳統裡，詩、文原始是判然有別的：詩有韻，而文不必有韻；詩大體整齊，而文不必整齊；詩主情志，而文主記事、議論；詩重比興，而文重明白；詩不必求實用，而文必求實用。換言之，無論就形式、性質、作法、功能各方面言，詩、文皆各有畛域，不宜混同。錢氏由此出發，見出韓文頗有具詩之質素者，是韓顯然以詩之作法作文，以詩之意境求文，故云韓「以詩爲文」。錢氏的觀念與論點基本上是正確的，但「神理韻味」畢竟有欠具體，而「言情達志、敷陳諷諭、抑揚涵泳」等語也還是不夠明白，「以詩爲文」的準據究應如何掌握，似宜再加申說。

在這裡，梁元帝〈金樓子・立言篇〉所載「文」「筆」之辨是値得我們特別重視的，因爲這是自魏、晉以來，經過長期對文學本質的思考、體認，進而精密辨析文學體類之下的產物②，它代表了南朝人最完整的詩、文觀念。按〈金樓子・立言篇〉云：

至如不便爲詩如閻纂，善爲章奏如伯松，若此之流，汎謂之筆。吟詠風謠，流連哀思者，謂之文。……筆退則非謂成篇，進則不云取義，神其巧惠，筆端而已。至如文者，惟須綺縠紛披，宮徵靡曼，脣吻遒會，情靈搖蕩。

從這段文字看來，在南朝人的觀念裡，顯然「文」與「筆」是相對的，其性質絕然不同。「文」的質素包含：富麗的辭采、優美的音律、精鍊的語言、動人的情感，完完全不涉實用與否；而「筆」則不然，如章奏之流，捨實用外，尙能何求?而從「不便爲詩如閻纂……汎謂之筆」觀之，「筆」與「詩」也是相對不類的，則「文」「筆」之辨，實即「詩」「筆」之辨；亦即今日所謂「詩」「文」之辨。故郭紹虞云：「詩、筆」即「文、筆」之同義詞③。如果我們再看到〈梁書・任昉傳〉有「任（昉）筆沈（約）詩」之目，就益信「文、筆」、「詩、筆」在南朝人的觀念裡，是同義詞，而這種觀念，事實上也爲唐人所繼承，故杜牧〈讀韓杜集〉詩有句：「杜詩韓筆愁來讀，似倩麻姑癢處搔。」韓「文」被稱爲韓「筆」，而與杜「詩」相對而稱。南朝人「詩」、「文」辨體的觀點既爲唐人所繼承，則論韓之「以詩爲文」以《金樓子》所言爲準據，自屬確當。

茲按，《金樓子》的說法其實兼括了文體的性質與形式，它比劉勰所謂「無韻者爲筆，有韻者爲文」④，只著重形式的區分要來得完整清楚；更重要的是，它指出了「抒情」——此一「詩」的特質。

其實，《三百篇》固多言情之作，但漢儒說《詩》，總要把它扯上政教，所以把「情」要講成「志」，即把一己之情講成天下國家之志。漢末《古詩十九首》出，眞個人哀感之作，從此五言詩籠罩六代，而詩之抒情性亦從而彰顯、從而確立、從而不替矣。詩、文之分固從形式上可分，如有韻、無韻，整齊、不整齊，重辭采、不重辭采；但性質之分尤爲要點，即抒情與非抒情也。蓋抒情則充滿個人色彩，是一家之私言，不求必有用；非抒情則往往論政教，是天下國家之公言，其必求有用於世。魏、晉以下，此種認知日益明晰，故陸機〈文賦〉云：「詩緣情而綺靡」，摯虞〈文章流別論〉云：「詩以情志爲本」，《宋書・謝靈運傳論》云：「子建函京之作、仲宣霸岸之篇、子荊零雨之章、正長朔風之句，並直舉胸情，非傍詩史。」⑤《文心雕龍・情采》云：「詩人什篇，爲情而造文。」而《詩品・序》尤娓娓言之：

> 若乃春風春鳥、秋月秋蟬、夏雲暑雨、冬月祁寒，斯四候之感諸詩者也。嘉會寄詩以親，離群託詩以怨。至於楚臣去境，漢妾辭宮；或骨橫朔野，魂逐飛蓬；或負戈外戍，殺氣雄邊，塞客衣單，孀閨淚盡；或士有解佩出朝，一去忘反，女有揚蛾入寵，再盼傾國。凡斯種種，感蕩心靈，非陳詩何以展其義？非長歌何以騁其情？

詩的本質是抒情的，它直舉胸懷，不傍詩史，寄親會，託離怨，悉屬個人感懷。南朝人熱衷於詩，正因爲詩這種迷人的本質。詩成爲創作者心靈最忠實可靠的寄託，詩才是創作者心靈眞正的再現，詩是最誠實的創作者本身。無怪鍾嶸在懇切言之「感蕩心靈，非陳詩何以展其義？非長歌何以騁其情？」後，猶覺不足，還要再三強調：「故曰：『詩可以群，可以怨。』使窮賤易安，幽居靡悶，莫尚於詩矣。」

當然，南朝人對詩的完整觀念，除了抒情外，還包括要押韻，要有美好的節奏音律，漂亮的修辭以及極精緻的語言——如前引《金樓子》及《文心雕龍》所反映的看法⑥。在這裡，又有一個問題值得我們思考：欲滿足這種種條件的要求，是否需有一種特殊的創作方法？對這一點，鍾嶸特別討論賦、比、興的運作，並且對「興」有極新變的詮釋，可能反映了南朝人對詩創作方法的一種特殊賦求。「因物喻志，比也」「文已盡而意有餘，興也」（《詩品・序》）當這樣的解釋出現時，詩的美學標準已經提升至極精微境界，它既需要如音樂之繞樑，令人低迴不已；它又要含藏委曲絕不能一覽無遺——即劉勰所謂「婉轉附物，怊悵切情。」⑦那麼它就特別需要一種新的表現手法——「比興」。前揭錢穆所謂「神理韻味」，其形成固可多端，但「比興」手法理當爲其關鍵⑧，故錢氏亦多言比興，如論〈毛穎傳〉等，即謂「情存比興，運詩爲文」，又云：「詩人之比興，正似小說家之寓言。可知運文入詩，其來久矣。韓公狡獪成文，又一轉手運詩入文，遂若蹊徑獨闢。……李光地評韓公龍雲篇（按，指〈雜說〉），亦謂此篇取類至深，寄託至廣，是仍以評詩語評文也。」（皆見前揭文）「比興」手法在錢氏心目中，顯然也成爲詩的要素了。

綜合上述，錢穆「以詩爲文」之意當即以作詩之法作文，讓詩之質素入文，使文如詩。具體言之，則此種文是抒情的，常用比興的，講求辭采、語言之琢鍊，富音律美，甚且是有韻的；它完全成於創作者個人的巧構慧心，也完全忠實於、回歸於作者個人的思致感情。

三、

拿這樣的標準檢省韓文，當可發現，錢氏僅就書牘、贈序、雜記等短篇新體論韓之「以詩爲文」，恐怕略嫌保守。錢氏所以如此，可能一方面基於其認定韓愈不願遵散文舊傳統，韓文不從奏議、制策、詔令、史傳等大文章用力，故其新變自非短篇新體莫屬⑨；一方面則基於其以短篇新體皆爲詩之變體，故乃以詩爲之⑩。雖然韓愈確實不願遵循散文舊傳統，其創作重心亦不在奏議、制策、詔令、史傳等，但倘若我們深切了解韓愈創作的最終指向在「去陳言」，而「去陳言」的含義廣及於「文體的改創、文意的翻變、文辭的修鍊」，韓愈的「古文」無體不變，其實是託古立制的新變散文⑪，則我們就可以判斷韓愈「以詩爲文」的運用不會只限於局部作品。至於斤斤於短變新體爲詩之變體，乃以詩爲之，餘則不與，恐失之僵固，自不待言。以下依李漢所輯、馬其昶校注之《韓昌黎文集校注》名目，扼要交代韓愈作品「以詩爲文」的狀貌。

㈠雜著

韓文雜著計四十五篇⑫，體括原、對問、讀、解、說、戒、傳、箴、贊、辯、頌、釋、序跋、記、策問、論、議等。五原（〈原道〉、〈原性〉、〈原毀〉、〈原人〉、〈原鬼〉）性質雖屬說理議論，但韓愈寫來，結構之對稱美、氣韻之頓挫美，以及語言之精鍊美，乃爲最引人注目之特色。如〈原毀〉云：

古之君子，其責己也重以周，其待人也輕以約。重以周，故不怠；輕以約，故人樂爲善。

以「古之君子」與「今之君子」爲對偶，其下再分責己、待人兩組小對偶，充分展現結構之對稱美。〈原道〉云：

聖人者立，然後教之相生養之道，爲之君，爲之師。驅其蟲蛇禽獸而處之中土，寒然后爲之衣，飢然后爲之食。木處而顛，土處而病也，然后爲之宮室。爲之工以贍其器用，爲之賈以通其有無，爲之醫藥以濟其夭死，爲之葬埋祭祀以長其恩愛，爲之禮以次其先後，爲之樂以宣其壹鬱，爲之政以率其怠勌，爲之刑以鋤其強梗。相欺也，爲之符璽斗斛權衡以信之；相奪也，爲之城郭甲兵以守之。害至而爲之備，患生而爲之防。

連下十七「爲之」而用法四變——「寒然后爲之衣」，一變；「爲之工」，二變；「相欺也，爲之符璽」，三變；「害至而爲之備」，四變。參差、排比之運用已臻化境，氣韻之頓挫美已無以復加。其下又云：

其文，《詩》《書》《易》《春秋》；其法，禮樂刑政；其民，士農工賈；其位，君臣父子師友賓主昆弟夫婦；其服，麻絲；其居，宮室；其食，粟米果蔬魚肉。其爲道易明，而其爲教易行也。

連用九「其」字，與前連用「爲之」呼應，眞妙不可言。尤其全段幾乎無動詞、形容詞，其語言鍛鍊之精微誠有如詩者。而「周道衰，孔子沒，火于秦，黃老于漢，佛於晉、魏、梁、隋之間。」「孔子之作《春秋》也，諸侯用夷禮則夷之；進於中國，則中國之。」詞性變易亦神妙無比，切近於詩。

〈雜說〉四首之一「說雲龍」，短短百餘字，無非論雲龍相生相成之理，但運筆奇幻，姿態橫生，致惝恍迷離，悠遠不盡，似有無限寓託。故李光地云：「此篇取類至深，寄託至廣。精而言之，如道義之生氣，德行之發爲事業文章；大而言之，如君臣之遇合，朋友之應求，聖人之風之興起百世，皆是也。」方苞亦云：「尺幅甚狹，而層疊縱宕，若崇山廣壑，使觀者莫能窮其際。」⑬而方氏的評語尤其顯示此文係一種詩之結構、詩之境界。

「解」，徐師曾《文體明辨序說》云：「其文以辯釋疑惑，解剝紛難爲主，與論、說、議、辯蓋相通焉。」論辨之「解」，唐以前罕見，韓愈則有〈通解〉、〈擇言解〉等。惟〈獲麟解〉其意不在解釋獲麟，乃在悲慨獲麟，其文云：

角者，吾知其爲牛；鬣者，吾知其爲馬；犬豕豺狼麋鹿，吾知其爲犬豕豺狼麋鹿，惟麟也不可知；不可知，則其謂之不祥也亦宜。……又曰：麟之所以爲麟者，以德不以形。若麟之出不待聖人，則謂之不祥也亦宜。

故朱子以爲乃「有激而託意之詞」⑭〈進學解〉則追仿揚雄〈解嘲〉，名爲解釋進學之道，實則自譬自況、自栩自嘲，是二文皆抒己騷鬱情懷而別有寄託。尤其〈進學解〉一文，通篇以辭賦體寫作，且自首至尾押韻，句法對偶、參差間出不已，氣韻之起伏流暢極美，大類一首敘事詩。

「記」，潘昂霄《金石例》云：「記者，記事之文也。」⑮記體以敘事爲正，係古來公認看法。故眞德秀云：「記以善敘事爲主。〈禹貢〉、〈顧命〉乃記之祖。後人作記，未免雜以議論。」⑯然韓作記多寄感慨、抒情懷，極爲動人。如〈畫記〉末有云：

> 貞元甲戌年，余在京師，甚無事，同居有獨孤生申叔者，始得此畫而與余彈棊，余幸勝而獲焉。意甚惜之。……明年，出京師，至河陽，與二三客論畫品格，因出而觀之。座有趙侍御者，君子人也。見之戚然若有感然。少而進曰：「余之手摸也，亡之二十年矣。」……余既甚愛之，又感趙君之事，因以贈之。

藉物之流落轉徙，而終回原主懷抱，譜出多少人事滄桑之感，情韻濃厚悠長。又如〈藍田縣丞廳壁記〉述崔斯立黜官，葺此廳壁，有云：

> 始至喟曰：「官無卑，顧才不足塞職。」既噤不得施用，又喟曰：「丞哉！丞哉！余不負丞而丞負余。」則盡枿去牙角，一躡故跡，破崖岸而爲之。……庭有老槐四行，南牆鉅竹千梃，嚴立若相持，水㶁㶁循除鳴。斯立痛掃溉，對二松，日哦其間，有問者，輒對曰：

「余方有公事，子姑去！」

藉人物之自語與對答，以及其掃溉對樹之行爲，見出崔氏抑鬱悠遠之情懷，而韓愈憐才共命之意亦顯然可會，是沉痛處自在言外。再若〈題李生壁〉⑰，不過百六十字，述未冠時初遇李生情狀，述今又見而心身俱老情狀，述不得於世唯尚友古人情狀，是全篇皆蒼涼蕭遠之辭。

韓作雜記此種抒情特色，方苞已有見，故其〈答程夔州書〉云：「散體文唯記難撰結，……故昌黎作記，多緣情事爲波瀾。」

至如〈新修滕王閣記〉，既述不得遊之悵後，至有幸作記，無任榮耀，忽轉一句：「其江山之好，登望之樂，雖老矣，如獲從公遊，尚能爲公賦之。」呼應首句以示念念不忘遊滕王閣，情韻搖曳，盪氣迴腸，錢穆以爲有宋詩之境界⑱。而〈徐泗濠三洲節度掌書記廳石記〉末有句云：「蔚乎其相章，炳乎其相輝，志同而氣合，魚川泳而鳥雲飛也。」隔句押韻，聲情俱美，眞如詩矣。

其餘如〈燕喜亭記〉：「弘中自吏部郎貶秩而來，次其道途所經，自藍田入商洛，臨漢水，升峴首以望方城，出荊門，下岷江，過洞庭，上湘水，行衡山之下，繇郴踰嶺，猨狖所家，魚龍所宮，極幽遐瑰詭之觀，宜其於山水飫聞而厭見也。」極參差頓挫之美；〈畫記〉前半記物有云：

馬大者九匹。於馬之中又有上者、下者、行者、牽者、涉者、陸者、翹者、顧者、鳴者、寢者、訛者、立者、人立者、齕者、飲者、溲者、陟者、降者、痒磨樹者、噓者、嗅者、喜相戲者、怒相踶齧者、秣者、騎者、驟者、走者、載服物者、載狐兔者。凡馬之事二十有七，爲馬大小八十有三，而莫有同者焉。

後半記人——如前引，不贅。取與並觀，知前者節促而音清，後者節緩而音和，句法整散、短長有別而正帶出音節之變化[19]，亦形成形構與意涵之對稱美，其精緻何嘗多讓於詩！故張裕釗云：「讀此文，固須求其參錯之妙，尤當玩其精整。」[20]此外，二記之語言亦極精鍊，前者狀異景有如下文字：「斬茅而嘉樹列，發石而清泉激；輦糞壤，燔椔翳，卻立而視之：出者突然成丘，陷者呀然成谷，窪者爲池，而缺者爲洞，若有鬼神異物陰來相之。」後者記器物亦有「鉼盂簦笠筐筥錡釜飲食服用之器」類如賦筆之句，而〈鄆州谿堂詩並序〉（按，此實記體，故歷來視之爲記）、〈河南府同官記〉通篇率多四言，已有《三百篇》風；〈汴州東西水門記〉尤摻雜韻語，幾乎全爲四言。

綜結而言，韓文雜著類，除賦、箴、贊、頌等本以有韻爲正[21]，不必做爲論證「以詩爲文」之例者外，所餘各體，或展現頓挫美；或展現對稱美；或展現語言精鍊美；或富聲韻節奏美；或多寄託；或重抒情；或逕以詩、賦筆爲之；或兼而有之；都富有詩之氣質，且或多或少有錢氏所謂詩之「神理韻味」，其中雜記一體尤其呈現繁富，故錢氏特立小段闡論，實非無見。

(二)書

韓愈所作書計五十五篇（含文外集），時有韻語，是其「以詩爲文」實踐之一證，如〈上宰相書〉有云：

> 四舉於禮部乃一得，三選於吏部卒無成。九品之位其可望？一畝之宮其可懷？遑遑乎四海無所歸，恤恤乎飢不得食，寒不得衣，濱於死而益固，得其所者爭笑之。忽將棄其舊而新是圖，求老農老圃而爲師，悼本志之變化，中夜涕泗交頤，雖不足當詩人孟子之謂，抑長育之使成材，其亦可矣！教育之使成才，其亦可矣！

方苞評曰：「散體文用韻，周秦間諸子時有之。惟退之筆力樸健，不覺其佻，後人不能學，亦不必學。」㉒眼光堪稱銳利，但說「後人不能學，亦不必學」則太過武斷，這一點可能見證方氏對韓「以詩爲文」的體會尚有一間。而韓〈後廿九日復上書〉則不唯多韻語，抑且大量鋪排，先九用「皆已」，後十一用「豈盡」，一問一答，迴環往復，用賦筆而超越賦筆，亦切近於詩。餘如〈上兵部李侍郎書〉、〈上襄陽于相公書〉、〈答崔立之書〉、〈答呂毉山人書〉、〈與鄂州柳中丞書〉、〈上考功崔虞部書〉等，均多韻語，不一一說明。

韻語之外，韓作書牘亦多駢偶、重氣韻、時抒情，極富音節情韻之美，茲再舉例略予說明。

〈上兵部李侍郎書〉多偶、多駢，例如：

> 薄命不幸，動遭讒謗。進寸退尺，卒無所成。……沈潛乎訓義，反復乎句讀，礱磨乎事業，而奮發乎文章。凡自唐虞已來，編簡所存，大之爲河海，高之爲山嶽，明之爲日月，幽之爲鬼神，纖之爲珠璣華實，變之爲雷霆風雨，奇辭奥旨，靡不通達。

復亦用典，如：

夫牛角之歌，辭鄙而義拙。堂下之言，不書於傳記。齊桓舉以相國，叔向攜手以上。然則非言之難為，聽而識之者難遇也。

故此書讀來直如駢文。〈與鄂州柳中丞書〉則句式整齊：

淮右殘孽，尚守巢窟；環寇之師，殆且十萬。瞋目語難，自以為武人，不肯循法度，頡頏作氣勢，竊爵位自尊大者，肩相磨地相屬也。……閣下，書生也。詩書禮樂是習，仁義是修，法度是束。一旦去文就武，鼓三軍而進之，陳師鞠旅，親與為辛苦，慷慨感激，同食下卒。

〈上考功崔虞部書〉亦略似之：

行之以不息，要之以至死。不有得於今，必有得於古；不有得於身，必有得於後。……今所病者，在於窮約：無僦屋賃僕之資，無縕袍糲食之給；驅馬出門，不知所之。斯道未喪，天命不欺，豈遂殆哉？豈遂困哉？

無論句式齊整或句法駢偶，實皆化詩為之。不僅此也，〈與鄂州柳中丞書〉自「愈愚不能量事勢可否」以下，至「闕其口而奪之氣」，長長一段，實為一堅實緊密之大句，每句間以實字硬接，筆力健勁，但其中又摻用輕虛字「之」（共十四個），故「宮商相宣，金石諧和。」張裕釗評曰：「逐字逐句，著意錘鍊，造語精妙，讀之其音琅然。」㉓是韓文極擅營造音節美，又可為證。至

〈與孟東野書〉云：

與足下別久矣！以吾心之思足下，知足懸懸於吾也。各以事牽，不可合并，其於人人，非足下之爲見而日與之處，足下知吾心樂否也？吾言之而聽者誰歟？吾唱之而和者誰歟？言無聽也，唱無和也，獨行而無徒也，是非無所與同也。足下知吾心樂否也？

遣詞造句，擅用重疊覆沓，讀來情致搖曳，氣韻如歌，已是無韻之詩，而〈與李翺書〉通篇用疑問感歎句，亦情韻濃厚，吟詠如詩——試讀下列引文可知：

今天下之人，有如子者乎？自堯舜已來，士有不遇者乎？無也。子獨安能使我潔清不洿而處其所可樂哉？非不願爲子之所云者，力不足，勢不便故也。僕於此豈以爲大相知乎？累累隨行，役役逐隊，飢而食、飽而嬉者也。其所以止而不去者，以其心誠有愛於僕也。然所愛於我者少，不知我者猶多，吾豈樂於此乎哉？將亦有所病而求息於此也。

何焯評曰：「頓挫往復」，姚範引陳善曰：「覆卻頓挫」，劉熙載評曰：「紆餘澹折」㉔。三者意見一致，都指出韓文富節奏、有韻律、多情致、味之不盡，韓作此書乃「以詩爲文」，至爲明顯。

綜結而言，韓愈作書，大體上皆自音節美之營造上顯示其「以詩爲文」（自亦有抒懷寄託者）。韓愈〈答李翊書〉有云：

氣，水也；言，浮物也；水大而物之浮者大小畢浮。氣之與言猶是也。氣盛則言之短長與

> 聲之高下者皆宜。

韓愈強調文氣，證明了韓愈著力為散文尋找一種新的聲律。

㈢序

韓所作序計三十六篇，十之八九為贈序。贈序乃唐人新體，前揭錢文固已言之。韓愈對這種新體甚為用力，故佳作極多，幾乎篇篇精采，吳訥便說後人作序當法韓子㉕，陳衍亦推崇備至㉖。案，贈序實贈別詩之變相㉗，加以古人臨別贈言多抒衷曲，故贈序之作往往特富情韻，格調風格皆近於詩，故錢穆即逕以「散文詩」稱之，且論韓之贈序有云：

> 故韓集贈序一體，其中佳構，實皆無韻之詩也。今人慕求為詩體之解放，卻創為散文詩，其實韓公先已為之，其集中贈序一類，皆可謂之是散文詩，由其皆從詩之解放來，而仍不失詩之神理韻味也。

錢氏所言極是，茲就韓作略予申說。

考韓愈贈序之作，最突出之特色殆為結尾詭變，餘韻裊裊，深得鍾嶸所謂「言有盡而意無窮」——「興」之旨趣。〈送廖道士序〉逐層說地靈，又逐層說人傑，陣陣漣漪，由外而內，由遠而近，最後落到廖師身上：

> 千尋之名材，不能獨當也。意必有魁奇忠信材德之民生其間，而吾又未見也，其無乃迷惑溺沒於老佛之學而不出邪？廖師郴民而學於衡山，氣專而容寂，多藝而善遊，豈吾所謂魁

奇而迷溺者邪？

似乎稱美廖師即此中人傑，但下文竟又轉出一層：

> 廖師善知人，若不在其身，必在其所與遊。訪之而不吾告，何也？於其別，申以問之。

是終不許廖師。而設問為結，空靈高妙，充滿諧趣，令人歎為觀止。〈送高閑上人序〉亦同一杼軸，韓愈通篇論技藝之精必有心而不暇外慕，如張旭善草書，係因其可喜可愕之情一皆寓之於書之故，而高閑浮屠，一死生，解外膠，為心必泊然無所起，淡然無所嗜，如何能善書！是分明不許高閑。全文至此已有波瀾起伏，可以結束。孰料下文又推出一層：「然吾聞浮屠人善幻多技能，閑如通其術，則吾不能知矣。」出人意表，匪夷所思，似還高閑其能而畢竟不以為然，但又添出無限調侃嘲諷之意，漫篇煙霞，味之不倦。

以上二文可謂「收處絕詭變」[28]：至於餘韻裊裊，則除二文仍可為好例之外，〈送王含秀才序〉、〈送楊少尹序〉等亦皆同調。前者以少時讀〈醉鄉記〉起筆，述至悲醉鄉之徒皆以不遇故託於麴糵，則明明不許人之逃於醉鄉，但結句竟說：「惜乎吾力不能振之，而其言不見信於世也。於其行，姑與之飲酒。」這種矛盾式的結尾，強烈傳達了人物深沉的無奈。曾國藩云：「淡折夷猶，風神絕遠。」[29]表面上似就全文而說，實際上關鍵仍在結尾，蓋唯有此種結尾，全文情韻方始豐富，境界方始深刻。後者藉疏廣、疏受故實，與楊巨源相問相較，全文無中生有，想像詼詭，自始即以虛馭實，後結以優美動人之預想：「楊侯始冠，舉於其鄉，歌〈鹿鳴〉而來也。今之歸，指其樹曰：某樹，吾先人之所種也。某水，某丘，吾童子時所釣遊也。鄉人莫不加敬誡，子孫以楊侯不去其鄉爲法。古之所謂鄉先生，沒而可祭於社者，其在斯人歟？其在斯人歟？」唱歎之韻，宛然不絕。張裕釗評曰：「前文已極文之變態，末段又別出邱壑，讀之如尋幽覽勝，探之不窮。」而曾國藩所見尤深：「唱歎抑揚，與〈送王含秀才序〉略相類，歐公多似此體。」㉚

此外，如〈送董邵南序〉、〈送溫處士赴河陽軍序〉等，又有另一種比興之義。就前者而言，韓愈實不贊成董生赴河北；就後者言，韓愈亦不甚許溫生赴河陽。二文皆有難以言明之深情曲意，故前作韓以「燕趙古稱多感慨悲歌之士」起筆，藉《史》《漢》之典；後者以「伯樂一過冀北之野而馬群遂空」發調，臆造新典；一面申說，一面唱歎，夾藏無限寄託諷諭，語調大類諷諭詩。

至於結構之對偶、言辭之精鍊、音韻講求，韓於贈序亦表現精采。〈荊潭唱和詩序〉一半以上爲對偶之句：「夫和平之音淡薄，而愁思之聲要妙；讙愉之辭難工，而窮苦之言易好也。」「德刑之政並勤，爵祿之報兩崇。乃能存志詩書，寓辭乎詠歌，往復循環，有唱斯和……」「鏗鏘發金石，幽眇感鬼神。」〈送區册序〉則語言精鍊，修辭不俗：「陸有丘陵之險，虎豹之虞，江流悍急，橫波之石廉利侔劍戟，舟上下失勢、破碎淪溺者，往往有之。縣郭無居民，官無丞尉。夾江荒茅篁竹之間，小吏十餘家，皆鳥言夷面……」故張裕釗評爲：「鑱辭精瑩」「眞有雕刻萬物之能」，誠眞知灼見，其美何讓於詩？〈送高閑上人〉序亦然：「堯舜禹湯治天下，養叔治射，庖丁治牛，師曠治音聲，扁鵲治病，僚之於丸，秋之於弈，伯倫之於酒，樂之終身不厭」非僅排比用典，更長短頓挫，間雜韻語，句法詭變，讀來已如散文詩，其下尤有精采修辭：「喜怒窘窮憂悲愉佚怨恨思慕酣醉無聊不平有動於心，必於草書焉發之。觀於物，見山水崖谷之鳥獸蟲魚草木之花實，日月列星風雨水火雷霆霹靂歌舞戰鬥天地事物之變，可喜可愕，一寓於書。」更添詩致，是長短跳突流動揮灑之形構美與音韻美，皆表現淋漓盡致。〈送廖道士序〉、〈送王含秀才序〉亦多韻語。而〈送李愿歸盤谷序〉、〈送何堅序〉尤爲別開生面之作：前者多偶儷之辭，如「利澤施于人，名聲昭于時……樹旗旄，羅弓矢，武夫前訶，從者塞途……喜有賞，怒有刑」「窮居而野處，升高而望遠。坐茂樹以終日，濯清泉以自潔。採於山，美可茹；釣於水，鮮可食。」「與其有譽於前，孰若無毀於其後？與其有樂於身，孰若無憂於其心？」「伺候於公卿之門，奔走於形勢之途。足將進而趦趄，口將言而囁嚅；處污穢而不羞，觸刑辟而誅戮。」幾乎全篇皆是，末尾猶綴以一歌，融《三百篇》與《楚辭》二體，情韻滋生，韓作破體集成之工夫，於此表現淋漓盡致，無怪東坡贊謂：「唐無文章，惟韓退之〈送李愿歸盤谷序〉而已。」[31]。後者通篇重複使用數組語彙，造成高度累疊覆沓之韻味，流動如珠，宛轉如歌，誠別具姿采之作，試觀下列引文可知：

> 何於韓同姓爲近；堅以進士舉，於吾爲同業；其在太學也，吾爲博士，堅爲生，生博士爲同道；其識堅也十年，爲故人。同姓而近也，同業也，同道也，故人也，於其不得願而歸，其可以無言邪？堅，道州人；道之守陽公賢也；道於湖南爲屬州，湖南楊公又賢也；堅爲

民，堅又賢也。湖南得道爲屬，道得堅爲民，堅歸唱其州之父老子弟服陽公之令，道亦唱其縣與其比州服陽公之令……。

綜言之，韓愈贈序多比興、多情韻、時用駢偶、修辭精鍊、音聲優美，而細部技巧繁複又有異於前述各體類者，見證韓「以詩爲文」之同中有異，異中有同。

(四)哀祭

所謂哀祭，指哀辭與祭文二者。哀祭之文宜以韻文情語抒寫，體近於詩，本不必論，但韓文哀祭仍有可說者，蓋以其三十四篇作品，與一般哀祭文相較，則仍有一極鮮明之特色——即時述平生交情，故情韻格外深厚動人。其次，在這種特色下，各篇作品也還另有特殊風采，如〈祭穆員外文〉有云：「建中之初，予居于嵩。擕扶北奔，避盜來攻。晨及洛師，相遇一時。顧我如故，眷然顧之。」「罔有疑忌，維其嬉遊。草生之春，鳥鳴之朝。我轡在手，君揚其鑣。君居于室，我既來即。或以嘯歌，或以偃側。誨余以義，復我以誠。終日以語，無非德聲。」〈祭侯主簿文〉有云：「我狎我愛，人莫與夷。自始及今，二紀于茲。我或爲我，筆俾子持。唱我和我，問我以疑。我釣我遊，莫不我隨。我寢我休，莫爾之私。朋友昆弟，情敬異施。惟我於子，無適不宜。棄我而死，嗟我之衰。相好滿目，少年之時。日月云亡，今其有誰？……哭送不可，誰知我悲？」二篇都刻意以四言韻語創作，大類《三百篇》。〈祭十二郎文〉即刻意以散文筆法書牘格調出之，似在「以詩爲文」之外，但全文最精彩一段乃在：「孰謂少者歿而長者存，彊者夭而病者全乎？

嗚呼！其信然邪？其夢耶？其傳之非其眞邪？信也，吾兄之盛德而夭其嗣乎？汝之純明而不克蒙其澤乎？少者彊者而夭歿，長者衰者而存全乎？未可以爲信也，夢也，傳之非其眞也；東野之書，耿蘭之報，爲何而在吾側也？」又大有《楚辭》〈天問〉之調，更不必論其自「汝病吾不知時」以下至「彼蒼者天，曷其有極？」一大段中有多少對偶之變化運用；以及全篇用多少輕虛字乃形成不盡的哀切情韻。而最岸異者厥爲〈祭河南張員外文〉，試觀下列引文：

> 歲弊寒兇，雪虐風饕。顚於馬下，我泗君咷。夜息南山，同臥一席。守隸防夫，觝頂交跖。洞庭漫汗，粘天無壁。風濤相豗，中作霹靂。追程盲進，颿船箭激。南上湘水，屈氏所沉。二妃行迷，淚蹤染林。山哀浦思，鳥獸叫音。余唱君和，百篇在吟。郴山奇變，其水清寫。泊砂倚石，有遻無捨。衡陽放酒，熊咆虎嗥。不存令章，罰籌蝟毛。委舟湘流，往觀南嶽。雲壁潭潭，穹林攸擢。避風太湖，七日鹿角。鉤登大鮎，怒頰豕豞。臠盤炙酒，群奴餘啄。走官階下，首下尻高。下馬伏塗，從事是遭。

舉凡道塗經涉、唱和契潤，莫不畢書，而遣辭造句之瑰麗奇崛配合長篇韻語的形式，讀來非如韓詩爲何？

此外，祭神祝禱之文，一般不過爲官方樣板文章，但韓愈也往往不甘凡庸，變出奇調，如〈潮州祭神文〉第二首：「稻既穟矣，而雨不得。熟以獲也，蠶起且眠矣，而雨不得。老以簇也，歲且盡矣，稻不可以復種，而蠶不可以復有也……」方苞即以爲「出於九章及古歌謠」㉜。

(五)碑誌

韓愈碑誌之作最多（七十五篇），成就亦最高，其邁越古人，變創新體，開啓後世無窮法門，學者論之已多㉝，故陳衍推爲韓文第一㉞，信非無據。碑誌之作，有序有銘。韓作於序，最大貢獻在將古來刻板條述之生平記錄變爲史書紀傳體，且其中雜用傳奇體、《尚書》體、漢賦體、志怪體、訓詁體㉟，眞千變萬化，似已在「以詩爲文」範圍之外，但其實仍有異曲同工，不絕如縷而可說者：況韓碑之於銘文，並不將之視爲序之附庸，而往往與序「互見」，其中有無特殊作法？更宜審愼檢視。以下試扼要論之：

首先，韓作親友碑誌，頗感慨成文，特有悽惋惻愴之致，一如詩之感傷抒懷——而此一端，正是韓作碑誌文最突出之變創，〈李元賓墓銘〉云：

已虖元賓！壽也者吾不知其所慕，夭也者吾不知其所惡。生而不淑，孰謂其壽？死而不朽，孰謂之夭？已虖元賓！才高乎當世，而行出乎古人。已虖元賓，竟爲何哉？竟何爲哉？

此文疊呼其名，疊用歎辭，疊發疑問，一氣而下，推大痛惜之意噴薄而出，直如一曲哭調。〈殿中少監馬君墓誌銘〉云：

後四五年，吾成進士，去而東游，哭北平王於客舍；後十五年，吾爲尚書都官郎，分司東都，而公府少傅卒，哭之；又十餘年至今，哭少監焉。嗚呼！吾未耄老，自始至今未四十年而哭其祖子孫三世，于人世何如也？人欲久不死而觀居於此世者何也？

此文先述交情，再述四十年間親哭祖子孫三代之亡，人生無常之慟彌漫全篇；加以大量短句後穿插「自始至今」與「人欲久不死」二長句，遂形成全文頓挫起伏，宛轉迴環之無盡情韻。餘如〈韓滂墓誌銘〉〈女挐女壙銘〉皆有類似作法，讀來如哀誄文字。

其次，韓作碑誌，仍多有表現其對音節、形象、意象、修辭等美之鍊造追求。〈平淮西碑〉序文提筆便以韻語唱道：

天以唐克肖其德，聖子神孫（文），繼繼承承（蒸），於千萬年（眞）。敬戒不怠，全付所覆（幽），四海九州（幽），罔有內外，悉主悉臣（眞）。高祖太宗（中），既除既治（之），高宗中睿，休養生息（之），至于玄宗（中），受報攸功（東），極熾而豐（東）。物衆大地，孽牙其間（元），肅宗代宗（中），德祖順考，以勤以容（東）。大慝適去，稂莠不薅，相臣將臣（眞），文恬武嬉，習熟見聞（文），以爲當然（元）。

以自由而密集的用韻方式，寫唐自開國以來國勢之變遷，聲調壯盛，宛如史詩。〈南海神廟碑〉大用四字句，竟多至百廿句，曾國藩以爲「漢賦之氣體也。」㊱〈唐朝散大夫贈司勳員外郎孔君墓誌銘〉則有如下馳驟跌宕句法：

昭義節度盧從史有賢佐曰孔君，諱戡，字君勝。從史爲不法，君陰爭，不從，則於會肆言以折之。從史羞，面頸發赤，抑首伏氣，不敢出一語以對立，爲君更令改章辭者前後累數十。坐則與從史說古今君臣父子、道順則受成福、逆輒危辱誅死，曰：「公當爲彼，不得為此。」從史常聳聽喘汗。居五六歲，益驕，有悖語，君爭，無改悔色，則悉引從事空一府往爭之。

人物之凜然桀悍藉藉參差跳動之行文與韻語，躍然紙上，而文章勃勃生發之音節美亦油然而出，有聲有色。〈唐故中散大夫少府監胡良公墓神道碑〉有句：「使人自京師南走八千里至閩南兩越之界上請為公銘刻之墓碑於潮州刺史韓愈。」是以長達三十三字之長句表達路途遙遠情急之狀，特富形象美；而〈柳子厚墓誌銘〉云：「然子厚斥不久，窮不極，雖有出於人，其文學辭章必不能自力以致必傳於後如今無疑也！」末句一氣廿一字，合數句為一句，氣迫勢盛，斬釘截鐵，擲地有聲，極得聲情相合之妙。〈殿中少監馬君墓誌銘〉云：

姆抱幼子立側，眉眼如畫，髮漆黑，肌肉玉雪可念，殿中君也。當是時，見王於北亭，猶高山深林鉅谷，龍虎變化不測，傑魁人也；退見少傅，翠竹碧梧，鸞鵠亭峙，能守其業者也；幼子娟好靜秀，瑤環瑜珥，蘭茁其牙，稱其家兒也。

譬喻精當，意象優美，如詩如畫；而〈曹成王碑〉：

艦步二萬人，以與賊遻，嘬鋒蔡山，踣之；剜蘄之黃梅，大鞣長平，鏺廣濟，掀蘄春，撇蘄水，掇黃岡，筴漢陽，行跐汊川……標光之北山，隨光化，捁其州，十抽一推……。

〈衢州徐偃王廟碑〉：

故制桷樸下窄，不足以揭虔妥靈，而又梁桷赤白，陊剝不治，圖像之威，黗昧就滅，藩拔級夷，庭木禿缺。

皆不僅以罕異怪僻之修辭求如謝靈運詩艱難美之達成；而亦有如前述或以澀辭狀殲敵之慘烈，或以澀辭狀古廟之傾圮等形象美追求之意趣在內，足徵韓作碑誌固亦多「以詩爲文」。餘如〈襄陽盧丞墓誌銘〉通篇僅記盧行簡之乞銘語，結尾突綴一句：「今年實元和六年」，頓有夭矯頓挫，極耐品味之致；〈唐河中府法曹張君墓碣銘〉亦多敘乞銘語，末敘其妻兒，至「女四人，男一人」，突結一句「嬰兒汴也」，張圓身後蕭條之景，藉此結句委曲流現，讀之愴惻；凡此均可見韓仍念念不忘力求文盡意餘之情味也。

至於韓碑誌之銘文，雖率皆韻語，但已非如傳統銘辭之刻板四言形式，且亦不與序重複，如前引〈李元賓墓銘〉即悲哀成辭，長短成句。除此而外，韓在碑誌文之銘辭中最有心之表現實在韻律之變化。這一點除了顯示韓的「力去陳言」之外，也顯示了韓有意在散文的體類中創造一種新的韻文成分。〈試大理評事王君墓誌銘〉有云：「鼎也不可以柱車，馬也不可使守閭。佩玉長裾，不利走趨。祇繫其逢，不繫巧愚。」實仿古歌謠體爲之㊲；〈柳州羅池廟碑〉有云：「荔子丹兮蕉黃，雜肴兮進侯堂。侯之船兮兩旗，度中流兮風泊之。……鵝之山兮柳之水，桂樹團團兮白石齒。侯朝出游兮暮來歸，春與猨吟兮秋鶴與飛。」顯仿《楚辭》《九歌》㊳；而〈平淮西碑〉尤長篇敘事，體格直追《周頌》，故李商隱〈讀韓碑詩〉有云：「點竄〈堯典〉〈舜典〉字，塗改〈清廟〉〈生民〉詩。」餘如〈河南少尹李公墓誌銘〉、〈集賢院校理石君墓誌銘〉等，打破整齊句法押韻；〈故幽州節度判官贈給事中清河張君墓誌銘〉、〈故江南西道觀察使贈左散騎常侍太原王公墓誌銘〉、〈唐故河南府王屋縣尉畢君墓誌銘〉等，力求韻腳交錯變化；〈唐故朝散大夫越州刺史薛公墓誌銘〉、〈唐故檢校尚書左僕射右龍武軍統軍劉公墓誌銘〉等，雜用古今韻；凡此皆使人目眩神迷，而前揭葉氏之文辨之已詳，茲不贅述，讀者自參。

綜結言之，韓作碑誌，有如詩之感傷抒懷者，是傳統碑誌體一大變創，雖不多見，依然可貴。而其碑誌之序文或用韻語，或如辭賦，或重意象之精、形象之美、言辭之鍊，而多有聲情相合之妙；至其碑誌之銘辭則大變古來押韻格式，千奇百怪，美不勝收；凡此固仍「以詩為文」之旨趣也。

㈥雜文

「文」之為體，即應酬文字中之哀祭體，包括哀祭文、弔文、祝文等㊴。韓所作「文」亦多變體，如〈瘞硯銘〉實為記事而非銘硯，又仿墓誌銘體製，有序有銘，從文章「正體」的標準來看，難以歸類，此或即李漢輯昌黎文時，不得不特名之為「雜文」之故。按，李所輯韓之雜文計四篇，除前揭〈瘞硯銘〉外，尚有〈毛穎傳〉、〈送窮文〉、〈鱷魚文〉等，而三篇皆韓之名作。〈毛穎傳〉抒胸中之奇，別有寄寓，且其中亦有韻語（如：「今日之獲，不角不牙，衣褐之徒，缺口而長鬚，八竅而趺居。獨取其髦，簡牘是資，天下其同書，秦其遂兼諸侯乎？」牙、鬚、居、髦、資、書古可叶韻），復全篇用典，虛實相掩，雖全用《史記》列傳體，頗具異趣，似亦略有

「以詩爲文」之意[40]。〈鱷魚文〉體如祭奠，實近檄移，全文大致以韻語構成，但觀篇首：「維年月日，潮州刺史韓愈，使軍事衙推秦濟，以羊一豬一投惡谿之潭水，以與鱷魚食，而告之曰……」以及結尾：「以避天子之命吏。三日不能至五日，五日不能至七日，七日不能是終不肯徙也，……夫傲天子之命吏，不聽其言，不徙以避之，與冥頑不靈而爲民物害者，皆可殺。刺史選材技吏民，操強弓毒矢，以與鱷魚從事，必盡殺乃止，其無悔！」可知；而文中又擅雜用四言短句，故音節凜然，讀之鏗鏘。至〈送窮文〉，通篇四言，交錯用韻，顯然以詩爲文，不必多辨；唯又刻意鑄鍊新辭，創新美感，自騷賦駢文入而變出騷賦駢文則不可不知，試觀「窾具船與車，備載糗粻。日吉時良，利行四方。子飯一盂，子啜一觴。攜朋挈儔，去故就新。駕塵彍風，與電爭先。……屛息潛聽，如聞音聲。若嘯若啼，砉欻嚘嚶。毛髮盡豎，竦肩縮頸。疑有而無，久乃可明。」以及「言未畢，五鬼相與張眼吐舌，跳踉偃仆。抵掌頓腳，失笑相顧。」等，當能體會這些「醜拙」新語所成就出的生動形象美。〈送窮文〉的精采表現，不僅見證了韓文無美不具的特殊氣質，也見證了韓愈雜文依然有其一貫「以詩爲文」之實踐。

四、

前文對韓文幾乎做了地毯式的檢索，冗贅容或難免，無非爲了論證「以詩爲文」確爲韓文特色，亦韓愈作「新古文」之特殊技法。而韓愈所以「以詩爲文」，實有歷史的、當代的、個人的三重因素在。先論歷史因素：

所謂歷史因素，實即文章流變之事實。中國傳統散文可上溯至尚書、春秋，其下為孔、孟、諸子，為左傳、國語、戰國策——是皆後世所謂經、史、子三部。此一「文」的傳統與詩三百、楚辭所形成之「詩」的傳統相對而流衍。換言之，漢以前確有「敘事」之「文」統與「言志」之「詩」統共同存在，各有領域、各具性質、各有其功能。降及兩漢，帝國一統，處士橫議的環境不再，諸子一流乃不能不衰，即使轉為賈誼、鼂錯等短篇議論，亦生機黯然，後繼乏力[41]；而史傳一流雖有司馬遷《史記》之界軍突起，踵事增華，但史記實有激而發，變公家之言為一家之言，已非單純「記事」；降及《漢書》，尤難比擬，是史傳一流亦趨衰歇。兩漢「文」之主流不得不推為賦。班固〈兩都賦・序〉有云：「賦者，古詩之流也。」劉勰〈文心雕龍・詮賦〉也說：「受命於詩人，拓宇於楚辭。」雖然漢賦的主要來源除了楚辭之外，尚有諸子之辯論術[42]，但班固與劉勰的說法仍然突顯了兩漢「文」的主流——賦，是帶著濃厚的詩的性質的。所以漢賦從一開始便是長篇鋪排的韻語形式，而且瑋字蠭出，瑰麗異常。故〈文心雕龍・詮賦〉又說：「原夫登高之旨，蓋睹物興情。情以物興，故義必明雅；物以情觀，故詞必巧麗。麗詞雅義，符采相勝，如組織之品朱紫，畫繪之著玄黃，文雖新而有質，色雖糅而有本，此立賦之大體也。」

從賦的實際發展來看，漢賦有兩類，一類是楚辭體的賦，一類是問答體的賦，而以後者為其正宗代表。二者除具前文所揭形式上的詩質之外，前者的「言志」性，更與《詩》、《騷》一脈相承，可見漢賦無論是那一類，都是詩化的文㊸。東漢中葉以後，賦不僅多變爲言志，且急遽短化、整齊化，若不問句式長短不一、時有虛詞，則宛然如古詩。魏晉以後大抵順此而下，唯日益駢儷，故孫梅《四六叢話・賦》有云：「左、陸以下，漸趨整鍊；齊梁而降，益事妍華，古賦一變而爲駢賦。」不僅如此，賦中雜五七言詩句者漸多，至梁、陳終至與詩無別，觀徐陵、江總、庾信等作可知。這種種現象清晰地反映了賦的變化深深地受到詩的浸潤。五言詩句的摻入，當然係由於自古詩十九首以下，五言詩籠罩文壇，歷久不衰，五言成爲文人抒情寫懷的最愛形式；七言詩句的摻入，則讓我們了解到，自曹丕〈燕歌行〉以後殆成絕響的七言詩，其實遁入賦體繼續發展，至唐未止，終有唐代七言詩興盛的局面㊹。賦的確與詩是難分難解了——到唐代，賦成爲律賦，還是印證了這種關係。

此外，當賦短化的同時，一方面有些作品宛如古詩（如前述）；一方面有些作品則近於駢文（如曹植〈洛神賦〉、王粲〈登樓賦〉）。事實上，當後者出現時，也正預示了駢文的誕生。

駢文與賦的不同僅在於其更注意於文章的形式美——對句的種類增加、對偶的形式多樣、更加唯美地磨練修辭、典故的使用繁多。在這裡，值得特別強調的是用典。因爲典故具有可以精簡言辭表達豐富意涵的效果，故特富語言濃度、密度；它的曲折表現功能，往往產生直言所不能有的婉轉妙趣，實屬另一種型態的「比興」——這也是另一種「詩」的氣質。兩晉以下駢文漸起，至南朝顏延之、鮑照可謂高度發展；再至永明聲律確立，駢文之形式美終告全面完成，故知兩漢以下「賦」以外之「文」依然有著鮮明的詩化傾向；尤其齊、梁以後，駢文形式愈趨整齊，是分明模仿詩體而來。此外，「駢文」一名，本是一種針對文章形式的總稱，但若就文章性質而言，則含括廣泛的文章體制。魏、晉以下，即連詔令、奏議、書信、序文等原多散體者，也都愈來愈有駢化現象，可見配合著唯美的追求，詩是如何地侵入文的領域，發揮重大的改變力量。

隋以後，雖因新時代來臨，對此現象有所反省，但觀批判者本身創作（如李諤〈上隋文帝書〉）皆未脫去駢化形製，可見影響之深。有唐一代，蕭、李以前，實仍爲駢文天下。明胡應麟云：「大概六代以還，文尚排偶，至唐李華、蕭穎士、元次山輩始解散爲古文。」㊺無非說明歷史的事實而已。

以上略論天寶以前文章詩化之事實。次論當代因素：

所謂當代因素即陳子昂古詩運動之啓示。案，唐之古文運動實當溯源於陳子昂之古詩運動，此爲當時人共同看法，錢穆氏亦嘗論之㊻。子昂詩歌復古之理論備見於其〈與東方左史虬修竹篇序〉：「文章道弊五百年矣，漢、魏風骨，晉、宋莫傳，然而文獻有可徵者。僕嘗暇時觀齊，梁間詩，彩麗競繁而興寄都絕，每以永歎。思古人常恐逶迤頹靡，風雅不作，以耿耿也。」批評史的學者恆據此言子昂反齊、梁頹靡，欲回復《三百篇》以及建安正始之興寄風骨。言雖不誤，但似未指出眞正的重點。蓋興寄、風骨，固皆爲含意豐富之批評術語，但無論《詩三百》或建安、正始詩歌，皆各個詩人「感發」之辭，故各具其「個性」、「風格」，所謂「興奇」、「風骨」

由此而來。齊、梁以下豔體，乏「個性」、「風格」，率皆千篇一律之「陳」辭。韓愈必深有會於此，故〈薦士詩〉㊼乃批評齊、梁以下之抄襲剽竊，云：「齊梁及陳隋，衆作等蟬噪。搜春摘花卉，沿襲傷剽盜。」亦乃盛讚子昂云：「國朝盛文章，子昂始高蹈。」質言之，子昂所追求的詩是一種合於古代「感激而發」「有個性」的新古詩——而這才是「眞」詩。韓愈由此啓發，體認到古文應與詩相同——「感激而發」「有個性」——這才是眞古文。（詳下）

三論個人因素。

韓愈〈答李翊書〉云：

若聖人之道不用文則已，用則必尙其能者；能者非他，能自樹立，不因循者是也。有文字來，誰不爲文？然其存於今者，必其能者也。

韓愈著重文章需有「個性」，能「自樹立」，顯然可見。一篇〈答李翊書〉其實完全闡發這個觀點，文中特別推崇司馬相如、太史公、劉向、揚雄等爲漢人之最，也還是用這個觀點衡量。再看〈南陽樊紹述墓誌銘〉：

惟古於詞必己出，降出不能乃剽賊，後皆指前公相襲，從漢迄今用一律，寥寥久哉莫覺屬，神徂聖伏道絕塞。

意旨相同。案，〈樊銘〉作於長慶四年——這是韓愈去世的一年，可見畢韓愈一生，作文求自樹立的主張乃一貫不變。

正是這樣的主張促使韓反對套式之文，反對俗下文字；促使韓跳脫出當時人文章正統之框架，不好作朝章大典，而好作短篇雜著；韓之古文實爲唐文進行「二次革命」㊽，韓造的是一種全新的古文。而這種種，只要我們看裴度在〈寄翺書〉中對他的批判；看他自己在〈與馮宿論文書〉中的無奈，便不難察覺。裴度的信，表面上針對李翺，其實針對韓愈。裴度在信中，首先申明孔、孟、荀以來的文章正統，然後強調「不詭其辭而辭自麗，不異其理而理自新」「意隨文而可見，事隨意而可行」，正代表當時古文家的文章觀念——崇實尚雅、達意利功，裴度最後力責韓愈「不以文爲制，而以文爲戲，可矣乎？可矣乎？」自然也就凸顯了韓與時人的不同。須知蕭、李等人的文章改革只是單純的復古。這種復古的模式是——風格高大雅正，內容經國教化，其結果無非是使文章從駢文的僵斃換成另一種僵斃，顯然韓愈意識到這種困局而力求矯正。

然而他的苦心不爲時人所了解（柳宗元除外），也就無怪「每自則意中以爲好，則人必以爲惡矣；……時時應事作俗下文字㊾，下筆令人慚，及示人，則人以爲好矣。」並且要自嘆：「不知古文直何用於今世也？然以俟知者知耳。」（〈與馮宿論文書〉）

至於韓愈究竟如何力求矯正而作新古文？則〈答李翊書〉所謂「惟陳言之務去」可一語蔽之。去陳言，即去缺乏創意之陳套之言；而所謂「言」，乃指文章之整體形式㊿，故去陳言之最重要利器即變易舊體式、鎔鑄新體式。〈進學解〉有云：

> 作爲文章，其書滿家，上規姚姒，渾渾無涯，周〈誥〉殷〈盤〉，佶屈聱牙；《春秋》謹

嚴，《左氏》浮誇，《易》奇而法，《詩》正而葩；下逮《莊》、《騷》，《太史》所錄，子雲、相如，異曲同工。

透露了韓廣取各家體式，變易之、鎔鑄之的事實。明乎此，回顧「以詩爲文」，亦無非融詩入文——正爲其變文體、去陳言之實踐。

綜結而言，自西漢以來，文即有明顯詩化的傾向，而這種詩化，雖以「形式」上的表現爲突出，卻也仍有「性質」上的含攝——伴隨著漢末以還的時代墜落感，詩的言志與抒情性格強而有力地滲透入文。然而這種情形大抵自魏、晉以下又漸有變，而後當駢文愈盛，終至籠罩各體，強烈的應酬性格又取代言志抒情的「個性化」表現，文之弊極深矣！自隋李諤至唐蕭、李，對文弊雖有反省，卻只停留在批判瑰麗形式，強調政教功能，換言之，他們的文學改革只是政治改革的隱喻，文章仍然難脫僵固之局。只有陳子昂所提出的詩歌改革，切中問題的核心——子昂以後所以隨即有盛唐之出現，並且塑造中國詩「抒情」傳統之顚峰，絕非偶然。相對而言，文家的反省既止於皮相，唐「文」之新局自必延遲出現。韓愈一方面凜於「形式」上詩改變文的歷史事實；一方面看到駢文熾盛後，文章個性化失落的流弊；一方面又有鑒於子昂詩歌復古成功的昭示；加上他本身就具有的「自樹立」的主張（當然，歷史的經驗與前人的啓示也必然更強化他這種主張），終使他繼承之而後開拓之地走出一條「以詩爲文」的大道，並且發揮淋漓盡致。他的「以詩爲文」綜合地表現在文章的形式、內涵、風格以及性質、功能等多方面，不但宛如古代諸子家言傳統的復興㉛，也扭轉了文章入駢以後奄然無息的困境，並爲唐代古文注入無限生機，從而創造出藝術性極高的新美文，爲古文樹立新典範。錢穆云：

韓、柳二公實乃承於辭賦、五七言詩興盛之後，純文學之發展已達嫻熟之境，而二公乃站於純文學之立場，求取融化後起詩賦純文學之情趣風神以納入於短篇散文中，而使短篇散文亦得侵入純文學之閫域，而確占一席之地。故二公之貢獻，實可謂在中國文學園地中，增植新苗，其後乃蔚成林藪，此即後來之所謂唐宋古文是也。㉜

葛曉音云：

他們（指韓、柳）突破了歷來視文章爲小道和衰亂之源的觀念，扭轉了古文運動先驅否定文之獨立性的成見，因而重視載道之文的辭章文采及行道者的文學修養，從而創造出在文學價值上足以壓倒駢文的新古文。（韓、柳）將詩賦緣情述懷的功能移入向來專職論理記事的散文，使散文從應用性轉向文學性，得以在抒情寫景的領域內與詩賦並立，取駢文而代之。㉝

葛氏又云：

韓、柳變「筆」爲「文」的主要標誌是在應用文章中感懷言志，使之產生抒情文學的藝術魅力。其次，他們扭轉了唐代古文模擬前人的傾向。㉞

二氏的論見不僅佐證文內所論有關「以詩爲文」之種種，並且幫助我們了解韓拓此一路徑之重要，韓對古文之貢獻，以及韓在整個中國散文傳統中至崇高而關鍵的地位。

五、

與陳子昂相比，韓是比較不幸的。陳子昂的主張獲得唐人廣泛的回響，他本人也獲得至高的推崇。而韓不唯不爲時人所了解，韓門及後繼者亦鮮有明韓之深意、知韓之精神、見韓之精粹者。其或以怪奇奧澀爲尙，或於韓亦步亦趨——是皆取其形似而遺其神眞，唐之新古文遂不能不衰。韓之困境反映了傳統「文章」觀念的僵化與猶疑失據，也反映了韓文的複雜艱難。但韓的心血並未枉費：短篇雜著的寫作從此成爲普遍趨向，正式取得文章領域中一席地位，量變終將質變——晚唐以降時見精采的雜文小品也證明了韓文生機的隱伏。其後越五代宋初，至歐陽修、蘇軾，終繼韓文而變易、光大之。歐以「抒情」得其「風神」之譽；蘇以「比興」而具宏深之美，固皆韓「以詩爲文」之流脈——至其詳，容待他日細論。而自韓揭「以詩爲文」，配合其又「以文爲詩」，不唯原本「文」爲「詩」強力所侵之現象得以矯衡，文之實用性轉趨活潑，文之藝術性更爲精妙；且詩、文兩大領域同時擴大，意境同時提昇，面貌同增繁富，宋詩亦因之埋下種籽。故知若自文學發展演變的角度觀之，韓絕爲吾國文學史上第一人；而後世如前後七子之妄庸，明清小品之淺隘[55]皆從而可會矣。

【附　註】

註① 載《新亞學報》三卷一期，收入氏著《中國學術思想史論叢》（台北，東大圖書公司）。

註② 郭紹虞即云：「文、筆的區分，是由於文學創作日益繁榮，人們辨析文章體製日益精密而產生的結果。」見氏編著《中國歷代文論選》（台北，木鐸出版社）《金樓子・立言篇》之說明。

註③ 見氏著《中國文學批評史》，中古期，〈從文體的辨析到文筆的區分〉一節。

註④ 語見〈文心雕龍・總術〉。

註⑤ 所舉諸詩分別爲：曹植〈贈丁儀王粲詩〉（首句爲：「從軍渡函谷，驅馬過西京。」）王粲〈七哀詩〉（其中有句：「南登霸陵岸，回首望長安。」）孫楚〈征西官屬送於陟陽侯作詩〉（首句爲：「晨風飄岐路，零雨被秋草。」）王瓚〈雜詩〉（首句爲：「朔風動秋草，邊馬有歸心。」）

註⑥ 關於這種種詩的要素，仍是六朝共通的觀念，只是詳略不同而已。曹丕〈典論論文〉即以「欲麗」求詩；陸機〈文賦〉「緣情」之後即特指「綺靡」；摯虞〈文章流別論〉謂詩「以成聲爲節」；《文心雕龍・定勢》謂歌詩「羽儀乎清麗」；而沈約《宋書・謝靈運傳論》尤強調音聲韻律：「一簡之內，音韻盡殊；兩句之中，輕重悉異。妙達此旨，始可言文。」

註⑦ 語見《文心雕龍・明詩》。

註⑧ 「比興」一詞，固宜兼括比、興二義而言。然前人使用時多類同義複詞法，往往略「比」而專重「興」而言也。如陳子昂〈與東方左史虬修竹篇序〉云「興寄都絕」，專就「興」而言，郭紹虞氏則解釋爲「比興」（見前揭《中國歷代文論選》子昂文之註釋。）錢穆文中亦時稱「比興」，然大抵亦指「興」而言。又，就手法之新變而言，鍾嶸釋「興」爲「文已盡而意有餘」，確然指出一嶄新而深刻精微之路。唐人受此影響甚深，遂形成唐詩重要的美學風格——尤其在絕句方面，可以說完全沿著鍾嶸的標準在力求實踐。

註⑨ 錢文有云：「古人散文，除經史百家著爲專書者不論，自餘則爲奏策詔令，此皆原於《尙書》，當屬政治文件，雖亦於文有工不工，然題材既先有限制，則不得謂之是純文學。」其下即論〈舊唐書・元稹白居易傳〉所謂：「元和主盟，微之、樂天而已。臣觀元之制策，白之奏議，極文章之壼奧，盡治亂之根荄。」而謂：「此一意見，乃承散文舊傳統，以奏議制策之類爲朝廷大述作，西漢賈、董、匡、劉，即以此爲文章宗師，唐史臣之極推元、白，著眼亦在此。而韓公之倡爲古文，則其意想中獨有新裁別出，固有非時人所能共曉者。」其下論論辯、序跋、碑誌、傳狀，皆有「顯韓公之聖於文而無施不可則可，然若繩以純文學之境界與標準，則終爲有憾」之意。

註⑩ 錢文論書牘體時有云：「至於有意運用書牘爲文學題材，其事當起於建安，而以魏文帝、陳思王兄弟爲之最。此等書札，所以異於前人者，緣其本無內容，並非有一番不容已之言，而特遊戲出之，藉以陶寫其心靈。古人云：『嗟嘆之不足則詠歌之。』此等書札，則辭多嗟嘆，情等詠歌，本亦宜作爲一詩，今特變其體爲一封書札耳。……而後來嗣響，仍少佳構。必待韓公出，而後書牘一體始成爲短篇散文中極精妙之作品。」論贈序體云：「此一體創始於唐人。……本屬詩題……皆贈答詩之變相也。」又云：「此等序，其實皆詩之變體。」「故韓集贈序一體，其中佳構，實皆無韻之詩也。」論雜記體云：「柳集獨於雜記一體頗致力，……竊謂韓柳同時，同倡爲古文，聲氣相通。二公之於運詩入文之微意，蓋有默契於心，不言而相喻者。柳公固精於詩，若是沿襲舊轍，則當爲謝康樂；而柳公顧變體爲散文，於是遂開新面。」

註⑪　有關「去陳言」之探討，兵界勇所論最爲詳切。參氏著《韓文「載道」與「去陳言」之研究》，台大中文研究所碩士論文，一九九五年，六月。該論文由本人指導，題亦本人所擬；又，下文舉例時有與兵書略同者，不一一說明。

註⑫　此係依文集所著篇目而言。其中〈雜說〉有四首，〈五箴〉有五首，〈後漢三賢〉有三首，〈進士策問〉十三首，若累計之，則六十六篇也。

註⑬　李、方二氏評語皆見《韓昌黎文集校注》（以下簡稱《韓集》）該文下補注引。

註⑭　語見朱熹《昌黎先生集考異》卷十二該文評語。又見《韓集》該文題下注引。

註⑮　語見《金石例》卷九，擬記之始。

註⑯　引自吳訥《文章辨體序說》，記。

註⑰　〈題李生壁〉《韓集》列於文外集。惟其體與此處所論雜記同，故併論於此。

註⑱　見前揭〈雜論唐代古文運動〉。錢氏又以〈燕喜亭記〉亦有宋詩境界。

註⑲　此用兵界勇說，見前揭書頁二二五～二二六。

註⑳　見《韓集》〈畫記〉補注引。

註㉑　韓極有意於變體，故凡當以整齊韻文爲正者，韓往往變之：如〈子產不毀鄉校頌〉即變四言頌體爲雜言，且以單行直致之散文筆法起落轉接，不用韻文特有之剪裁與濃縮形象，又往往擷取古籍押韻方式，將韻腳錯綜安排，移人眼目，吳汝論即評曰：「縱橫跌宕，使人忘其爲有韻之文。」〈五箴〉〈後漢三賢贊〉以及四首賦亦多如此。

註㉒　見《韓集》〈上宰相書〉補注引。案，古人於古韻未必了了，故多揣摩，以己意律之。以此段文字爲例，多之部韻，間有微部、虞部韻，頗不整齊，亦未必合韻例。但方氏之說仍可能合於韓本意。於韓文韻語例，吾人當如此觀之，而不能以今人精嚴之學繩之也。

註㉓　參見前揭兵書頁二二九～二三〇。

註㉔　三人所評均見《韓集》〈與李翺書〉補注引。

註㉕　見氏著《文章辨體序說》「序」條。

註㉖　陳衍推贈序爲韓文第二（次於傳狀碑誌），見氏著《石遺氏論文》卷四；參見《韓愈資料彙編》頁一五七六。

註㉗　錢穆云：「（贈序）此一體創始於唐人。相傳五言詩起於蘇李贈答，固不足信，然贈答要爲此下詩中最廣使用之一體，故昭明選詩，亦獨以贈答一類爲多。其他如公讌、如祖餞，皆與贈別相近。可證此類本屬詩題，故皆以吟詠出之。及於唐人，臨別宴集，篇什既多，乃有特爲之作序者；亦有不爲詩而逕以序文代者。今傳《李太白文集》共五卷，而序文獨占兩卷，實皆贈答詩之變相也。」錢文此下尚有細論，不贅引，請參前揭錢氏〈雜論唐代古文運動〉。

註㉘　曾國藩〈送廖道士序〉有云：「磊落而迷離，收處絕詭變。」（見《韓集》〈送廖道士序〉補注引。而此評亦適用於〈送高閑上人序〉。

註㉙　《韓集》〈送王含秀才序〉題下補注引。

註㉚　二氏所評皆見《韓集》〈送楊少尹序〉補注引。

註㉛　語見蘇軾《東坡題跋》〈跋退之送李愿序〉。

註㉜　語見《韓集》〈潮州祭神文〉五首補注引。

註㉝　友人葉國良氏〈韓愈冢墓碑誌文與前人之異同及其對後世之影響〉一文於此論之綦詳，最可參據。葉文收入所著《石學蠡探》，台北，大安出版社。

註㉞　同注㉖。

註㉟　如〈試大理評事王君墓誌銘〉用傳奇體寫王之騙婚；〈平淮西碑〉用《尚書》體寫皇帝命將之詔；〈南海神廟碑〉用漢賦體寫海中百靈秘怪；〈柳州羅池廟碑〉用志怪體寫柳宗元死後精魄；〈黃陵廟碑〉用訓詁體寫舜二妃故實。參見前揭兵書頁一七二～一七三。

註㊱　《韓集》〈南海神廟碑〉題下補注引。

註㊲　參較沈德潛《古詩源》卷一「古逸」所錄可知。

註㊳ 故曾國藩評曰：「銘詞嗣響《九歌》」。見《韓集》〈柳州羅池廟碑〉補注引。

註㊴ 按，宋姚鉉編《唐文粹》即列有「文」一目，其中所收皆祭文、弔文、祝文、哀文等文字。

註㊵ 葛曉音以爲〈毛穎傳〉、〈送窮文〉等「感激怨懟之辭」，以駁雜不經之遊戲之筆抒發其半世坎坷不遇之牢騷，文外之旨深厚蘊藉，可作詠懷、感遇一類古詩吟味。參見氏著〈論唐代的古文革新與儒道演變的關係〉，收入氏著《漢唐文學的嬗變》一書，北京，北京大學出版社。

註㊶ 章炳麟《國故論衡・論式篇》即云：「晚周之論，內發膏肓，外見文采，其語不可增損。漢世之論，自賈誼已繁穰，其次漸與辭賦同流。千言之論，略其意不過百言。……後漢諸子漸興，訖魏初幾百種，然其深達理要者，辨事不過《論衡》，議政不過《昌言》，方人物不過《人物志》，此三家差可以攀晚周，其餘雖嫻雅，悉腐談也。」

註㊷ 《文心雕龍・時序》有云：「春秋以後，角戰英雄，六經泥蟠，百家飆駭。方是時也……唯齊楚兩國頗有文學。齊開莊衢之第，楚廣蘭臺之宮。孟軻賓館，荀卿宰邑。故稷下扇其清風，蘭陵鬱其茂俗。鄒子以談天飛譽，騶奭以雕龍馳響；屈平聯藻於日月，宋玉交彩於風雲。觀其豔說，則籠罩雅頌。故知暐燁之奇意，出乎縱橫之詭俗也。」劉師培《論文雜記》也說：「〈漢志〉所載詩賦，首列屈原，而唐勒、宋玉次之。其學皆源於古詩，雖體與《三百篇》漸異，然屈原數人，皆長於辭令，有行人應對之才。西漢詩賦，見於漢志者，如陸賈、嚴助之流，並以辯論見稱，受命出使。是詩賦雖別爲一略，不與縱橫同科，而夷考作者生平，大抵曾任行人之職。」

註㊸　近人徐復觀先生即逕稱問答體賦爲「新體詩」的賦；而所謂「新體詩」的賦即以四字一句爲基本句型，加入若干散文因素。說見〈西漢文學論略〉，收入氏著《中國文學論集》，台北，學生書局。

註㊹　案，鈴木虎雄已有見，其《賦史大要》（正中版，頁一三〇）乃云：「（五七字句遂至形成賦之大部分）此趨勢入唐未止，產生與初唐諸子七言詩類似之賦體，是爲俳賦之變形，又可認爲初唐七言古詩興起之原因。」

註㊺　語見氏著《少室山房筆叢》卷二十八丙部〈九流緒論〉卷中，〈元子十卷〉下。又，可幷參梁肅〈常州刺史獨孤及集後序〉〈補闕李君前集序〉及獨孤及〈李公中集序〉。三篇皆謂蕭、李以後文體反正。

註㊻　詳參拙著《北宋的古文運動》（台北，幼獅文化公司）第六章〈與唐代古文運動之比較〉。

註㊼　見《韓昌黎集昌黎詩繫年集釋》卷五。

註㊽　用兵界勇語。蓋蕭、李等所作改革乃針對駢文而發，可稱第一次革命；而韓愈再進一步超越駢散之爭，創作有生命的新古文，自可稱第二次革命。參見前揭兵書，頁一一八～一一九。

註㊾　所謂「俗下文字」，應指當時體類辭意皆求固定的套式文章。而「應事」之風氣更使其積重難返。這種「俗下文字」，不僅駢文有之，韓以前之古文家所作亦往往有之。參見前揭兵書頁一三六～一四二。

註㊿　《文心雕龍・章句》云：「夫人之立言，因字而生句，積句而成章，積章而成篇。」所謂「言」，自指文章整體形式。

註51　用錢穆語。錢氏〈讀姚炫唐文粹〉（收入前揭錢書）有云：「……韓、柳古文運動乃古者家言之復起，

其用重在社會、在私家，不重在廟堂、在政府。」吾人結合文內所論韓不好作朝章大典而好作短篇雜著（此亦錢氏嘗言），益可體會。

註㉜ 見前揭錢氏〈雜論唐代古文運動〉。

註㉝ 俱見葛氏〈論唐代的古文革新與儒道演變的關係〉，收入前揭葛書。

註㉞ 見葛氏〈古文成於韓柳的標誌〉，收入前揭書。

註㉟ 晚明小品之反傳統亦有類於韓重「小」文，不重「大」文之旨趣在。但韓作「小文」，能臻「海涵地負，放恣縱橫，無所統紀」（語見〈南陽樊紹述墓誌銘〉）之境，故雖「小」而實「大」，且擺落「大」文之僵固，無施不可。晚明小品則專求性靈趣味，取徑極狹；而一意唯此爲尙，終亦墮入另一窠臼。請參拙著〈對晚明小品的幾點反思〉（見本書末篇）。

（收入《語文、情理、義理——中國文學的多層面探討國際學術會議論文集》，台北，國立臺灣大學中文系，一九九六年七月）

從山水游記看柳宗元貶謫以後的心境變遷

一、

柳宗元的山水游記爲其生活經驗之反映，早爲學者所共認。但一般而言，都把永州時期的這類作品，視爲其抑鬱憤懣之情的流露，甚且包含著尖刻的批評①；而另一方面，對柳州時期的同類作品又頗爲忽略，不然即將之與永州作品「對立」來看，似乎柳州時期的作品全然無涉宗元內心世界，與永州作品沒有連屬的演變關係。②這種看法就我個人讀柳宗元山水游記的體會而言，是不能同意的。事實上，柳宗元在永州時期所作的山水游記，恰巧隨著時間先後的差異，有著明顯不同的內涵、作法與風格；它們並不全然一致地只表現抑鬱憤懣的情緒，而是有著更爲委婉曲折的心境流露。而柳州時期的山水游記雖僅一見，但卻承續著永州時期已有的變化，呈現更進一步的進境。換言之，從永州到柳州十年間所作的山水游記，題材上雖皆相同，而內在的表現卻有著清晰的變化軌跡；吾人由此一變化恰可窺覘柳氏如何在心理上去肆應謫宦的生涯——這是一個原本積極有爲的知識份子，歷經挫折苦難，從怨艾至反思再至平和以待的心境刻畫。

二、

雖然柳宗元「記」體作品現存四卷之多，而一般論其山水記，也無嚴格、明確取樣標準。但平心而論，眞正可稱「游記」者殆爲永州八記、〈游黃溪記〉及〈柳州山水近治可游者記〉十篇而已。本文即以此十篇爲對象依次探討。十篇之寫作時間爲：〈始得西山宴游記〉、〈鈷鉧潭記〉、〈鈷鉧潭西小丘記〉、〈至小丘西小石潭記〉依次作於元和四年（八〇九）；〈袁家渴記〉、〈石渠記〉、〈石澗記〉、〈小石城山記〉依次作於元和七年（八一二）；〈游黃溪記〉作於元和八年（八一三）；〈柳州山水近治可游者記〉不能確考，但作於任柳期間（元和十年以後），於諸游記中寫成最晚。③

關於宗元如何被貶，以及初貶時期的心境，學者討論已多，毋庸贅述。大體而言，其爲抑鬱憤懣，殆無可疑。故其遊山玩水，實排遣、無聊之舉，非樂山樂水之興，正如〈始得西山宴游記〉所云：

> 其隟也，則施施而行，漫漫而游。日與其徒上高山、入深林、窮迴谿，幽泉怪石，無遠不到。到則披草而坐，傾壺而醉。醉則更相枕以臥，臥而夢。意有所極，夢亦同趣。覺而起，起而歸。

從這段文字，我們可以清楚看出，山水在宗元心目中並無卓然獨立的地位；它只是宗元一時麻醉的場所罷了。在初到永州的四、五年內，柳宗元的內心被他自己的挫折所盤據，憤恨不滿，自怨自艾。有趣的是，那些寫作於元和四年——也就是柳宗元貶永的第五年的永州八記之前四記中的山水，便都染有濃厚的柳氏自身投射色彩。所有閱讀〈始得西山宴游記〉的讀者都不難察覺，柳宗元筆下怪特的西山，正是他對才學出衆的自我的深刻描繪。他讚頌西山「不與培塿爲類。悠悠乎與顥氣俱，而莫得其涯；洋洋乎與造物者遊，而不知其所窮。」其實就是在肯定自我高尙的人格與節操，所以他沉浸西山特有的氣質中，久久不忍離去。換言之，〈始得西山宴游記〉表面上寫西山，其實是寫宗元自己。柳宗元藉這樣的筆法，從山水中找尋對自我的安慰與肯定。我們可以這樣說，西山在宗元心目中畢竟沒有圓滿充足的獨立存在，它是爲了做宗元身影投射才具備價値與意義的。

與〈始得西山宴游記〉幾乎相同情趣的是〈鈷鉧潭西小丘記〉。文中借小丘主人之口言小丘「唐氏之棄地，貨而不售」，使人自然聯想，宗元不啻爲「唐朝之棄人」，故此文仍是借小丘以自況，清何焯《義門讀書記》便云：「『唐氏之棄地』，棄地比遷客。」而此文之末段云：

> 噫！以茲丘之勝，致之灃、鎬、鄠、杜，則貴游之士爭買者，日增千金而愈不可得。今棄是州也，農夫漁父過而陋之，賈四百，連歲不能售。而我與深源、克己獨喜得之，是其果有遭乎！書於石，所以賀茲丘之遭也。

讀者亦顯然可以意會其中所存有的濃厚自傷——小丘雖爲農夫漁父過而陋之，但畢竟終爲宗元、深源、克己等人所發現、所喜愛。而自己卻仍然流放僻遠，無人顧重愛惜，是更不如小丘也。清林雲銘云：

末段以賀茲丘之遭，借題感慨，全說在自己身上。……乃今茲丘有遭，而己獨無遭，賀丘所以自弔……④

確爲卓見。

至於〈鈷鉧潭記〉及〈至小丘西小石潭記〉二篇，雖非若前二篇，山水全爲宗元之化身，但仍屬借題以抒懷則並無二致。換言之，文章描寫的主體仍爲作者的心境，山水只是藉以表現的媒介、工具；山水並非完滿、獨立之主體存在。故〈鈷姆潭記〉雖有精緻之客觀描繪：

鈷姆潭在西山西，其始蓋再水自南奔注，抵山石，屈折東流，其顚委勢竣，盪擊益暴，齧其涯，故旁廣而中深，畢至石乃止。流沫成輪，然後徐行，其清而平者且十畝餘，有樹環焉，有泉懸焉。

但末尾云：

孰使予樂居夷而忘故土者，非茲潭也歟？

仍然歸結於自傷自慰的心情。全篇的情調也因之成爲表面云樂，其實爲悲。故劉大櫆云：

結處極悲冷之趣而情甚悽楚。⑤

而〈至小丘西小石潭記〉亦同樣是由樂轉悲。文章一開始用富有音響的輕快文字，寫風景之樂：「隔篁竹、聞水聲，如鳴珮環，心樂之。」似乎將還山水獨立自足之風貌；其下果然爲精麗之客觀描繪：

下見水潭，水尤清冽。全石以爲底，近岸卷石底以出。爲坻爲嶼，爲堪爲巖。青樹翠蔓，蒙絡搖綴，參差披拂。潭中魚可百許頭，皆若空遊無所依。日光下澈，影布石上，怡然不動，俶爾遠逝，往來翕忽，似與游者相樂。

但細心的讀者也許會不安地發現，當「似與游者相樂」一語出現的時候，宗元自己內心的「樂」正在漸次消褪遠佚；他好不容易與山水相遭所自然產生的互通互融，兩相圓滿，又摧拉殆盡；他遲疑猶豫，不能自禁地仍墜入悽楚哀傷之中，所以結尾仍是這樣的句子：

潭西南而望，斗折蛇行，明滅可見。其岸勢犬牙差互，不可知其源。坐潭上，四面竹樹環合，寂寥無人，淒神寒骨，悄愴幽邃。以其境過清，不可久居，乃記之而去。

犬牙差互，不可知其源的潭西南，似乎讓他想起茫然不可知的未來；而幽靜的山水也只讓他強烈感受無邊的孤寂與自身遭遇的悽楚。「不可久居」這樣的日子，反映了宗元從來沒有發現山水本身原具的美以及意義；反映了他無時無刻不是把自身的遭遇投射、籠罩在外界的事物上——山水自不能例外。

我們很清楚可以看出，在這四篇游記中，山水既非描繪的主體，也非與主體等量對立的客體；說得眞切一點，它只是表現主體情緒的工具罷了。西山與鈷鉧潭西的小丘固然只是柳宗元的化身；

鈷鉧潭與小石潭也還是在襯托柳宗元的憂懷感傷，被柳宗元抹上太多的情緒色彩。它們都沒有能以完全本然的面貌呈現。然而這種情形到三年以後有了變化，永州八記的後四記：〈袁家渴記〉、〈石渠記〉、〈石澗記〉、〈小石城山記〉，展現了不同的情趣。

〈袁家渴記〉全篇寫景，最膾炙人口的是中間這一大段：

> 楚、越之間方言，謂水之支流者爲「渴」。音若「衣褐」之「褐」。渴上與南館高嶂合，下與百家瀨合。其中重洲小溪，澄潭淺渚，間廁曲折，平者深黑，峻者沸白。舟行若窮，忽又無際。有小山出水中，皆美石，上生青叢，冬夏常蔚然。其旁多巖洞，其下多白礫，其樹多楓柟石楠楩櫧樟柚，草則蘭芷。又有異卉，類合歡而曼生，轇轕水石。每風自四山而下，振動大木，掩苒眾草，紛紅駭綠，蓊葧香氣，衝濤旋瀨，退貯谿谷，搖颺葳蕤，與時推移。其大都如此，余無以窮其狀。

文章極有層次地先寫水，再寫山，再寫石、樹、草、卉，最後寫風，讓整個山水風景搖動起來，姿態橫生，留下無限的美好與無窮的趣味。作者除了一份欣賞外，完全不涉入自我主觀的情緒。在這裡，柳宗元終於讓山水展現它自己的風貌，而人只屬於欣賞者的客體地位。「余無以窮其狀」一語，一方面強調了袁家渴的美景，一方面顯示了自我面對自然景物時的謙遜。

其實，〈袁家渴記〉的首尾兩段，也都一致地展現了這種心境的變遷：首段說：「由冉溪西南水行十里，山水之可取者五，莫若鈷母潭。由溪口而西，陸行，可取者八九，莫若西山。由朝陽巖東南水行，至蕪江，可取者三，莫若袁家渴。皆永中幽麗奇處也。」柳宗元終於體認並且發現到山水的眞貌，他開始以「幽麗奇處」的評價來對待山水，當他回憶起鈷鉧潭、回憶起西山，他也不再僅以自身的投射來定位它們了。而這篇游記的結尾說：「永之人未嘗遊焉，余得之不敢專也，出而傳於世。其地主袁氏，故以名焉。」山水不再只是爲宗元個人而存在；而作文的目的似乎只爲了將山水之美廣宣於世，與永州之民同賞；這些都反映了柳宗元內在世界的一種進境與超越。⑥

〈石渠記〉亦專寫景，文僅二段，雖不若〈袁家渴記〉之精麗豐美，然前段以聲寫渠（「有泉幽幽然，其鳴乍大乍細。」）、以清寫泓（「有石泓，昌蒲被之，青鮮環周。」），以靜寫潭（「潭幅員減百尺，清深多鯈魚。又北曲行紆餘，睨若無窮，然卒入於渴。」）仍具井然細膩之美。後段「惜其未始有傳焉者，故累記其所屬，遺之其人，書之其陽，俾後好事者求之得以易。」則仍是與民同賞的胸襟。尤値得玩味者，乃文中「其側皆詭石怪木，奇卉美箭，可列坐而庥焉。風穩其巓，韻動崖谷。視之既靜，其聽始遠。」一段文字，取與〈至小丘西小石潭記〉之「坐潭上，四面竹樹環合，寂寥無人，凄神寒骨，悄愴幽邃。以其境過清，不可久居，乃記之而去。」並讀比觀，一者悠然，一者愴然；一者可列坐而庥，一者乃不可久居。其心境固相去懸遠矣。

在〈袁家渴記〉與〈石渠記〉中那份對山水的欣賞，到〈石澗記〉漸漸轉換爲內心的喜悅。柳宗元把石澗之奇美寫得淋漓盡致：

亘石為底，達於兩涯。若床若堂，若陳筵席，若限閫奧。水平布其上，流若織文，響若操琴。揭跣而往，折竹箭，掃陳葉，排腐木，可羅胡床十八九居之。交絡之流，觸激之音，皆在床下；翠羽之木，龍鱗之石，均蔭其上。

而後得意洋洋地說：「古之人其有樂乎此耶？後之來者，有能追予之踐履耶？得意之日，與石渠同。」

非常有趣的是，他在結尾一段不厭其詳地說：「由渴而來者，先石渠，後石澗；由百家瀨上而來者，先石澗，後石渠。澗之可窮者，皆出石城村東南，其間可樂者數焉。其上深山幽林，逾峭險，道狹不可窮也。」柳宗元似乎樂此不疲地扮演著導遊的角色。如果不是此時已有一份較餘裕的心境，是不會寫出這樣的文字的。

從以上的三記來看，到元和七年的柳宗元，確實已不像三年以前那樣抑鬱憤懣，懷憂感傷，也因此能漸漸發現山水本然具備的豐美，而同時給予平等的愛賞對待。在這裡，〈小石城山記〉是篇比較可能引起歧見的作品。

明清古文評論者在分析〈袁家渴記〉、〈石渠記〉、〈石澗記〉等三篇作品時，都只討論其寫景的筆法，而絕不涉入柳氏懷抱的可能牽連⑦，這大概反映他們對三記的看法與本文前述相去不遠。但對〈小石城山記〉諸家評論便頗有差異，例如：明茅坤說：「借石之瑰偉，以吐胸中之氣。」⑧清林雲銘說：「借題發揮，用寄其以賢而辱於此之慨。」⑨是視此文為柳澆胸中塊壘之作；但清過珙則云：「明明寫二道，卻擱置一道不提，只說一道；而一道又疑其有，疑其無，寫得小石城分明海外三山相似。後借境抒情，而磊落多奇。一結忽作玩世語，將毋不恭。」⑩清孫琮亦云：「前幅一段，逕敘小石城。妙在後幅，從石城上忽信一段造物有神，忽疑一段造物無神，忽揑一段留此石以娛賢，忽揑一段不鍾靈於人而鍾靈於石。詼諧變幻，一吐胸中鬱勃。」⑪雖然提到「借境抒情」，「吐胸中鬱勃」，其實還是重在章法之變幻與心態之詼諧，其解讀與茅、林二氏絕然不同。我們細讀此文，當知過、孫二氏所見為是。一個最明顯的證據是：文中所謂「以慰夫賢而辱於此者」，正是柳宗元八記前四記中對山水的態度，而柳宗元在這裡明明白白地說道：「余未信之」，把它否定掉了。事實上，〈小石城山記〉是永州八記中最獨特的作品，它彷彿一個完全掙脫牢寵束縛的天才心靈，卸去他層層外加的拘謹，恢復他純然燦然的灑脫，從屈原的世界躍昇至莊周的世界，所以夭矯詼諧，意趣橫生。陳幼石說柳宗元在〈小石城山記〉的結尾處「與永州山水幽美恬靜的溝通，達到了美學上的一種諧調及合一。感情上也流露著一種心平氣和的意境。」⑫堪稱正確而深刻的見解。

總而言之，在元和七年所作的〈袁家渴記〉〈石渠記〉〈石澗記〉〈小石城山記〉等作品中，山水明顯變成宗元筆下描繪的主體，而經過長年的接觸與體會，他也漸漸能甘於（甚且滿足於）做為一個單純的山水自然的欣賞者以及記錄者。事實上在〈小石城山記〉裡他能以空靈變化、不著跡象的寫法去處理他曾經有過的思考及感情，就證明他在心境上確有幡然的改變，漸漸朝向超越世俗羈擾的境界。

現在我們來看永州時期的最後一篇山水遊記：元和八年的〈遊黃溪記〉。

〈遊黃溪記〉的開始是這麼寫的：

> 北之晉，西適豳，東極吳，南至楚越之交，其間名山水而州者以百數，永最善。環永之治百里，北至于浯溪，西至于湘之源，南至於瀧泉，東至於黃溪、東屯，其間名山水而村者以百數，黃溪最善。

其句法仿自《史記・西南夷傳》，前人已多論之⑬。我個人覺得可注意的倒是柳宗元明白說出了「黃溪最善」、「永最善」這樣的話來。這種評斷語句的出現其實不是偶然的。在終於漸以平和欣賞的態度看外物時，他才能發現山水的美，進而區別其間的高下。「永最善」一句話，雖然這麼簡短扼要，但也正因爲簡短扼要，乃充分顯示了語氣的堅定與無可置疑，而這和元和四年在〈與李翰林建書〉⑭中對永州山水的感覺是何其大的不同：

> 永州於楚爲最南，狀與越相類。僕悶即出遊，遊復多恐。涉野有蝮虺大蜂，仰空視地，寸步勞倦；近水即畏射工沙蝨，含怒竊發，中人形影，動成瘡痏。

畢竟元和四年，柳宗元仍深陷於挫折流放所帶來的煎熬與痛苦中，因此他也就不能發現山水的美、進而欣賞山水的美了。⑮

〈遊黃溪記〉的第二段綜合運用了《山海經》和《水經注》的寫作技巧刻畫黃溪的美⑯，其中「黛蓄膏渟，來若白虹，沉沉無聲，有魚數百尾，方來會石下」的純然客觀描繪，與〈至小丘西小石潭記〉中「青樹翠蔓，蒙絡搖綴，參差披拂。潭中魚可百許頭，皆若空遊無石依。日光下澈，影布石上，怡然不動，俶爾遠逝，往來翕忽，似與遊者相樂。」隱然含藏有主觀的孤寂，情味已大不相同；而寫石云：「其下大石雜列，可坐飲食。」這種極生活化的，具有悠然賞味之情的描寫也是前此所無的；最後「自是又南數里，地皆一狀，樹益壯、石益瘦，水鳴皆鏘然。又南一里，至大冥之川，山舒水緩，有土田。始黃神爲人時，居其地，」隨著水鳴鏘鏘，山舒水緩，傳達出悠遊不迫的韻致，更反映柳宗元對山水在還其主體面貌而予客觀精緻描繪的同時，已達與山水相融相得的境界。

末段考據「黃神」，理出溪之所以名「黃」者，固屬傳統史部地理類文字標準寫法⑰，但也反映了柳宗元心境的餘裕——類此筆法，前此各記終難一見。

綜合而言，柳宗元在永州時期所寫的最後一篇山水游記，其情調與永州八記中的後四記是相近相似的，並且似乎更多了一層冷靜超然，因之也特具一層含藏、寬舒的氣質，其境界與前此固不可同日而語。

元和十年（八一五）正月，柳宗元奉詔啓程還京。在貶官了十年之後，終於有了轉機，他的心情該是充滿期待的吧？〈朗州竇常員外寄劉二十八詩見促行騎走筆酬贈〉詩⑱云：「投荒垂一紀，新詔下荊扉。疑比莊周夢，情如蘇武歸。賜環留逸響，五馬助征騑。不羨衡陽雁，春來前後飛。」以及〈追赴都二月至灞亭上〉詩⑲云：「十一年前南渡客，四千里外北歸人。詔書許逐陽和至，驛路開花處處新。」正作了很好的呈現。然而出乎意外的，同年三月，柳宗元再被逐爲柳州刺史，〈衡陽與夢得分路贈別〉詩⑳云：「十年顦顇到秦京，誰料翻爲嶺外行？……今朝不用臨河別，垂淚千行便濯纓。」心情之惡劣可想而知。或許這畢竟不是第一次遭放逐；或許四十三歲的柳宗元畢竟與三十三歲的柳宗元不同；或許苦難的磨練畢竟使柳宗元已能較平和地面對生命中的再次挫傷。到柳以後，他反而積極務實地投入實際的政務，他重修孔廟、弘揚儒教㉑；他徹底改善「男女値錢，設爲奴碑」的奴隸制度㉒；他逐淫神、修佛寺，以佛變夷，剷除迷信㉓。在他死後，柳民修廟奉爲神明㉔。柳宗元這種生命情調的轉變，在他至柳後所寫的唯一山水游記——〈柳州山水近治可游者記〉一文中，也有相應的呈現。

和前此諸記最大的不同是，〈柳州山水近治可游者記〉中，所有的主觀意識完全弭去。它不但沒有永州八記前四記中那種以山水自況的情結；甚至後四記及〈游黃溪記〉中那種隱約的舒愉不迫也都消失不見，只留下純然的山水面貌。在這篇記裡，首尾一貫地完全使用《山海經》那種徹底客觀而平靜的筆調去寫，絕不是偶然、無意的；事實上，就在這種徹底客觀而平靜的筆調下，山水以它完整的、純粹的「天然」形態呈現，徹底得到它完全自足獨立的主體地位。

爲了見證上述的論點，也爲了便於立即落實讀者的認知與感受，我把全文抄錄於下：

古之州治，在潯水南山石間。今徙在水北，直平四十里，南北東西皆水匯。

北有雙山，夾道嶄然，曰背石山。有支川，東流入於潯水。潯水因是北而東，盡大壁下。其壁曰龍壁。其下多秀石，可硯。

南絕水，有山無麓，廣百尋，高五丈，下上若一，曰甑山。山之南，皆大山，多奇。又南且西，曰駕鶴山，壯聳環立，古州治負焉。有泉在坎下，恆盈而不流。南有山，正方而崇，類屏者，曰屏山。其西曰四姥山，皆獨立不倚。北沉潯水瀨下。

又西曰仙弈之山。山之西可上。其上有穴，穴有屏，有室，有宇。其宇下有流石成形，如肺肝，如茄房，或積於下，如人，如禽，如器物，甚眾。東西九十尺，南北少半。東登入小穴，常有四尺，則廓然甚大。無竅，正黑，燭之，高僅見其宇，皆流石怪狀。由屏南室中入小穴，倍常而上，始黑，已而大明，爲上室。由上室而上，有穴，北出之，乃臨大野，飛鳥皆視其背。其始登者，得石枰於上，黑肌而赤脈，十有八道，可奕，故以云。其山多檉、多櫧，多篔簹之竹，多櫜吾。其鳥，多秭歸。

石魚之山，全石，無大草木，山小而高，其山如立魚，尤多秭歸。西有穴，類仙弈。入其穴，東出，其西北靈泉在東趾下，有麓環之。泉大類轂雷鳴，西奔二十尺，有洄，在石澗，因伏無所見，多緣青之魚，多石鯽，多儵。

雷山，兩崖皆東西，雷水出焉。蓄崖中曰雷塘，能出雲氣，作雷雨，變見有光。禱用俎魚、豆彘、脩形、糈稌、陰酒，虔則應。在立魚南，其間多美山，無名而深。峨山在野中，無麓，峨水出焉，東流入於潯水。

現在，我們可以對以上的論述做一扼要的總結：自元和四年寫作〈始得西山宴游記〉至晚年寫作〈柳州山水近治可游者記〉，前後約得十年。十年間，柳宗元從把山水看成自我化身，把山水染上濃厚自我「離騷」色彩；到把山水視爲客觀存在的主體，從而產生欣賞、愉悅的餘裕；到終於完全抽離自我，還山水自然面貌於天地間，這樣的轉變是動人的。而這樣的轉變其實提供了我們觀察、體會、掌握柳宗元貶謫以後心境變遷一條重要的線索。

三、

從山水游記看柳宗元貶謫以後的心境變遷大抵已如上述，在此中須補充說明的是，本文之撰寫只是企圖指出一條觀察柳宗元心境變遷的線索，這條線索以宗元對山水的態度與描寫爲衡量之準據。對傳統中國知識份子的人生理想與價值觀而言，其實不管如何地平靜、超脫，他們終歸還是心繫朝廷，對遠逐的自我有永遠不能解的感傷的。換言之，本文的探討只是陳明柳宗元的內心世界確有這樣隱微動人的「進境」，但不表示他完全擺脫哀傷——尤其在受到外界刺激時。明白了這一點，當我們讀到元和九年（八一四）所寫的〈囚山賦〉㉕便不致單純地認定既已還山水獨立面貌，且能賞愛之，又視山水爲羈絆自身的牢籠爲矛盾了。甚至當我們再讀到同年所作的〈起廢答〉㉖時，看到柳宗元對自我遭遇以極爲灑脫幽默的態度予以調侃，恐怕我們還是要認定柳宗元確實具有某種程度的超越。

其次需要略加說明的是：從元和四年作〈始得西山宴游記〉等四記到元和七年作〈袁家渴記〉等四記，其心境的變遷，可能頗賴這期間柳宗元自我深刻反省的幫助。事實上，柳宗元至永以後，先是憂騷憤懣，心懷怨艾不平，但接下來他就開始思考自己所以遭逐的原因，反省自己究竟該如何自處。而反映這種思考與反省最好的例子殆屬〈愚溪對〉㉗以及〈愚溪詩序〉㉘。從前者的「吾茫洋乎無知：冰雪之交，衆裘我絺；溽暑之鑠，衆從之風，而我從之火。吾盪而趨，不知太行之異乎九衢，以敗吾車；吾放而遊，不知呂梁之異乎安流，以沒吾舟。吾足蹈坎井，頭抵木石，衝冒榛棘，僵仆虺蜴，而不知怵惕。何喪何得，進不爲盈，退不爲抑，荒涼昏默，卒不自克。」我們看到柳宗元思考自我遭放逐的原因，在自嘲之中含藏著一份肯定；而從後者的「甯武子『邦無道則愚』，智而爲愚者也；顏子『終日不違如愚』，睿而爲愚者也，皆不得爲眞愚。今余遭有道，而違於理，悖於事，故凡爲愚者莫我若也。」我們就進一步看到一絲詼諧的調侃在了。「溪雖莫利於世，而善鑒萬類，清瑩秀澈，鏘鳴金石，能使愚者喜笑眷慕，樂而不能去也。余雖不合於俗，亦頗以文墨自慰，漱滌萬物，牢籠百態，而無所避之。以愚辭題愚溪，則茫然而不違，昏然而同歸，超鴻濛，混希夷，寂寥而莫我知也。」愚溪與愚我相融相契，合而爲一，竟至泯然忘我——這表面上似乎與〈始得西山宴游記〉相同，實則從自高自栩到自我調侃，差異畢竟是巨大的。

最後我們願再次強調，這些思考與反省見證了柳宗元的靈明與智慧；正因爲能不間斷地交互檢視外在內在世界的差距，不斷去做深刻的思考與反省，終能幫助自己漸漸弭平縫隙，尋求均衡，進而進入平靜、超脫的境界。

【附　註】

註①　羅師聯添認爲柳宗元在永十年，經常抑鬱不樂，憤懣不平，其山水記表面上峻潔精奇，實際上則隱含其個人抑鬱憤懣之情。見所著〈柳宗元二篇山水記的分析〉。而日人清水茂則認爲永州山水記中包含著尖刻的批評，見氏著〈柳宗元的生活體驗及其山水記〉。二文均收入羅師所編《中國文學史論文選集》，台北，學生書局。

註②　清水茂說：「如果和柳宗元在永州山水記中包含著的尖刻批評相比，那麼他在柳州的作品，就全然失去了這種尖刻性了。這原因可能是雖然柳州比之永州更遠，但他是做著與員外司馬大不相同的刺史，是實際可以實行政治的實職官，同時重返政治中樞也有了些希望。例如他在〈柳州山水近治可游者記〉一文中，就一點沒有足以反映他生活的語句，而是完全關於山水的記述。……在他的文學中，最強烈地把自己表現出來的是他在永州時期的作品……」（同前揭文）清水氏在此可能犯了二點錯誤：一是他只把直接表露喜怒哀樂情緒的作品當作表現自我、反映生活，而那些透過客觀描述，表現更成熟、超越自我的作品，遂被他誤讀；其次是，因爲上述的偏差，他很自然地把柳州與永州之間可能存在的承續與互動關係割斷了。柳州時期與永州時期的確不同，但「對立」來看卻仍然不宜。

註③　諸記寫作時間，悉依羅師聯添考訂。見所著《柳宗元事蹟繫年暨資料類編》，國立編譯館中華叢書編審委員會印行。

註④ 見《古文析義》卷五。

註⑤ 見《古文辭類纂》卷五十二，〈鈷鉧潭記〉附「諸家集評」。

註⑥ 陳幼石亦以〈袁家渴記〉爲例，說明柳宗元至此「已領略到永州山水勝而可取之處」「終於對他所處的自然環境發生了有限度的喜愛。」見氏著《韓柳歐蘇古文論》頁五七～五八，上海文藝出版社。

註⑦ 可參見前揭《柳宗元事蹟繫年暨資料類編》一書「資料類編」部分。

註⑧ 見《山曉閣選唐大家柳柳州全集》卷三，評柳文。

註⑨ 見《古文析義》卷五。

註⑩ 見《古文評註》卷七。

註⑪ 見前揭《山曉閣選唐大家柳柳州全集》卷二，記。

註⑫ 見前揭《韓柳歐蘇古文論》頁五八。

註⑬ 參見宋吳子良《荊溪林下偶談》卷一，「韓柳文法祖史記」；清陳衍《石遺室論文》卷四等。

註⑭ 文載《柳宗元集》（以下簡稱《柳集》）卷三十。繫年仍依前揭羅師書所訂。

註⑮ 宋邵博頗不解於柳宗元〈遊黃溪記〉所云與〈與李翰林建書〉所云何其不同（見《邵氏聞見後錄》卷十四）；而日人清水茂則謂〈遊黃溪記〉法〈史記・西南夷傳〉正表現宗元視永爲蠻夷之地，故美麗的山水在柳宗元的意識中被抹殺（見前揭文）。二人都沒有看出因時間的不同而終使柳宗元能以較平和的心情看待他的遭遇與處境，從而對永州山水就有了不同的感受。

註⑯　「黃溪距州治七十里，由東屯南行六百步，至黃神祠。祠之上，兩山牆立，如丹碧之華葉駢植，與山升降。……黃神之上，揭水八十步，至初潭，最奇麗……」是《水經注》筆法；「有鳥赤首烏翼，大如鵠，方東嚮立。自是又南數里，地皆一狀……又南一里，至大冥之川……」是《山海經》筆法。

註⑰　林紓《柳文研究法》云此「是文中應有之意。」若係指傳統地理書寫法而言，則確；若係就柳宗元山水游記而言，則未必然也。

註⑱　見《柳集》卷四十二。

註⑲　同前。

註⑳　同前。

註㉑　參見《柳集》卷五，〈柳州文宣王新修廟碑〉。

註㉒　參見韓愈〈柳子厚墓誌銘〉，《韓昌黎文集校注》卷七。

註㉓　參見《柳集》卷二十八，〈柳州復大雲寺記〉。

註㉔　參見《韓昌黎文集校注》卷七，〈柳州羅池廟碑〉。

註㉕　《柳集》卷二。

註㉖　《柳集》卷十五。

註㉗　《柳集》卷十四。

註㉘《柳集》卷二十四。

（收入《第二屆國際唐代學術會議論文集》，臺北，文津出版社，一九九三年六月）

從「變」到「化」

——談〈赤壁賦〉中「一」與「二」的問題

一、

東坡前後〈赤壁賦〉，千百年來流誦不衰，前者尤然。歷來詮者雖多，但除讚美之辭外，語多空泛，若無新意。①近世以來則大抵從「常」「變」角度覘之，謂〈前賦〉尚有常、變之對立，至〈後賦〉則已泯然消解。此種論見雖亦可觀，但距掌握東坡精義恐或尚有一間。前後〈赤壁賦〉之精義究竟何在？其同與異如何？二賦究宜分讀抑或合讀？在在需要澄清辨證，而澄清辨證之鑰已隱藏於二賦之中，惟前人較少注意耳。此鑰即「一」與「二」之問題。

何謂「一」與「二」之問題？蓋〈前賦〉中的主要人物有二：洞簫客及東坡，此二人爲一與一的對應關係。〈後賦〉則較複雜，有東坡（一）、有二客、有孤鶴（一）、有二（或一）道士。其間似乎不僅爲一與一，更有一與二、二與二之多重對應關係；甚且，或非對應，乃是相融、互替、衍生的關係？將之釐清，殆爲掌握東坡思想精華之關鍵。

論宋詩者皆知，宋人頗好用數字——而此爲宋詩邏輯性、精確性之一驗證。緣此，東坡前後〈赤壁賦〉中有一與二這種數字邏輯問題之存在——並可能藉此揭示其哲學思維的體驗，殆非無謂。

二、

談一與二之問題之前，應先確定〈後赤壁賦〉中出現之道士究爲一，或爲二？今傳坊間版本率作「一道士」，蓋從朱熹與胡仔之意。案，萬曆本《蘇長公合作》卷一引朱熹云：「當以『一』爲是。」《苕溪漁隱叢話・後集》卷二十八云：「此賦初言『適有孤鶴橫江東來』，中言『夢二道士，羽衣翩躚』，末言『疇昔之夜，飛鳴而過我者』，前後皆言孤鶴，則道士不應言二矣。」今人質疑這種看法，並以爲應從《四部備要》本做「二道士」者爲陳幼石氏。但陳氏未做精確考證，逕以思想層面認定二道士較一道士更能說明問題，並有助於吾人對兩賦做更妥當且有趣的理解。②陳氏的見解雖然正確，惟不經考證而逕予認定，則在方法上尚有缺憾。幸陳氏之缺憾至一九九四年六月，由衣若芬女士將之彌補。衣氏在其〈談蘇軾後赤壁賦中所夢道士人數之問題〉③一文中分別自各種《東坡文集》版本、《皇朝文鑑》選文以及後人書畫資料仔細考辨，確定應做「二道士」爲是。糾纏數百年之「一道士」「二道士」問題，至此可以塵埃落定。

三、

〈前赤壁賦〉中所有的關係都是一與一的對應：

洞簫客：東坡

變：常

悲：樂

很明顯的，他們分屬二種不同的生命情調、生命觀照。東坡以《莊子・德充符》「自其異者視之，肝膽楚越也；自其同者視之，萬物皆一也。」的觀點④，化解洞簫客的悲與惑。而客也似乎就理所當然的，接受了東坡的觀點，全文遂在喜樂之中結束——呼應著開首的喜樂，留下一片疏朗、開闊、光燦的氣氛。

或許這就是〈前賦〉所以教人喜愛的原因了。它的結構井然，思想明確，晶瑩剔透，絕無枝蔓。但如果我們再加思索，不難發現，東坡的詮釋全然是觀念層面的，欠缺實際的經驗，也欠缺確實的體悟，充其量只是孔子所謂「知之者」，尚無與乎「好之者」或「樂之者」；而全文只有一問一答（雖然這是賦的原始形式），討論辨證全付闕如，因此欠缺思想的深度。換言之，〈前賦〉借用莊子的哲學，將之概念化，簡單地運用去解決「變」的問題，客也就輕而易舉地轉悲為喜。事實上，這種純觀念化的認知碰到情境變遷，易時而處的時候，恐怕就經不起考驗了。

果然，三個月之後，東坡再與二客遊赤壁時，凜乎江山之變，悄然而悲、肅然而恐的，不再是客，反是〈前賦〉中扮演「達者」的東坡了。

東坡的逆轉，其實正見證了〈前賦〉中有關常、變思想的概念化、簡單化。但這並不是一則嘲諷。經由不同時空的經驗逆轉，促使東坡更深刻地思考變與常的關係，徹底檢討其在〈前賦〉中單純的認知——常中有變、變中有常；萬物莫非常，亦莫非變。

正緣於〈後賦〉呈現一種更深刻的體悟、觀照，所以〈前賦〉中一問一答的形式消失了；所有〈前賦〉中整齊對稱的一與一的對應關係也不復可見。嚴格而言，〈後賦〉中只有東坡「一」人，全文盡是東坡「一」己的經歷、體驗、思辨，二客不能從焉。這與〈前賦〉中客與東坡宛如天秤兩邊，各據一端的對應迥然不同。其次，東坡與孤鶴，與二道士，也不再是對應的關係，他們毋寧是一體的、互替的、相生的關係。

〈前賦〉中持常視變，視變如常的東坡，在〈後賦〉中，面對宇宙的劇變，其實是充滿悲恐、充滿挫敗感的，所以他只能「返而登舟，放乎中流，聽其所止而休焉。」這時橫江東來的孤鶴，何嘗不是東坡的化身？天地寂寥，他們都只擁有一個孤獨的自我；東坡「劃然長嘯」，孤鶴「戛然長鳴」，更加強了二者為一的可能性。所不同的只是，東坡面對宇宙悠悠的長嘯，加深了自我渺小、須臾之感；掠舟而西的鶴鳴，對挫折的東坡而言，卻不啻暮鼓晨鐘，催化其產生超越的體悟。

這個體悟是微妙的，難以言傳的。東坡一如〈前賦〉，仍然取徑莊子，藉夢的方式來呈現，但與莊子已大異其趣。《莊子・齊物論》夢蝶的典故，世所熟悉，不贅述。但我們要注意的是，〈齊物論〉中的夢，仍然是一與一的關係——蝶為莊周，周為蝴蝶；覺亦夢，夢亦覺。〈後賦〉中的道士，如果是「一」，則東坡不唯全在莊子籠罩之下，抑且依然墮入〈前賦〉中常變關係的困境裡，對〈後賦〉中東坡自身逆轉所形成的前後矛盾完全無解。然則不然，〈後賦〉中的道士是「二」。東坡可以為孤鶴，孤鶴可以為二道士——這不是「變」，乃是「化」。「變」是孤立的、片段的、短暫的；而「化」乃是相生的、持續的、永恆的。葉子由青轉黃，而至枯落——這是變；落葉入土轉為養分，滋長出新苗——這是化。宇宙萬物之所以生生不息即基於「化」。人們如果掌握住此一眞理，自可為生命指出寬廣向上一路，既無視於「變」，亦不斤斤於「常」「變」。〈後賦〉的結尾無喜無悲，只有「驚悟」，暗示了全文的這種旨意。

由是，我們不能不指出，〈後賦〉裡所展現的東坡的體悟，可能已不盡受莊子的影響，而有老子「道生一，一生二，二生三，三生萬物」（四十一章）以及「大曰逝，逝曰遠，遠曰反」（二十五章）的思想成分在內。

四、

總結而言，〈前賦〉中的東坡思想只是概念化的莊子哲學。文中所充滿的一與一的對應以及其間存在的分立、矛盾，也並非單用簡單的觀念認知即可加以消泯、融攝的。所以輕鬆言之，藉助自我觀點調整所對待的「常」「變」關係，到了〈後賦〉就遭到嚴厲的考驗。喜樂的東坡因之逆轉爲悲恐的東坡。所有一與一的對應、分立、矛盾，在〈後賦〉中消失，只留下一個「一」——東坡，讓東坡絕無干擾地切實體驗「變」。然後讓這個「一」化爲另一個「一」——孤鶴；然後再讓這個「一」化爲「二」——道士。〈後賦〉裡這樣的安排，一方面讓〈前賦〉中觀念層面的「常」「變」認知轉化爲經驗層面的體認——萬物的確是莫非「常」、亦莫非「變」的；一方面則指出「化」才是宇宙萬物的本質，執迷於「變」，永遠是有限的生命，唯有「化」才是眞正的「常」——至此，〈前賦〉中無謂的「常」才有了「確實」的意義。在這樣的體悟下，東坡已無視於「變」的存在，也掌握了「常」的眞諦，因之悲喜可以退去，留下的是一個全新的自我。

五、

根據以上論述，則前、後〈赤壁賦〉應視爲一體，殆無疑問。蓋其爲有機之連貫，呈現東坡體悟之完整過程，不可分割，亦不可分讀。前人唯《天下才子必讀書》有云：「前賦是特地發明胸前一段眞實了悟，後賦是承上文從現身現境一一指示此一段眞實了悟，便是眞實受用也。」「若無後賦，前賦不明；若無前賦，後賦無謂。」（卷十五）以及王文濡《評校音注古文辭類纂》云：「前篇是實，後篇是虛。虛以實寫，至後幅始點醒。奇妙無以復加，易時不能再作。」（卷七十一）指出二賦互需互用，但論點猶有所蔽。至近世選本多取〈前賦〉而棄〈後賦〉，則更屬淺妄。東坡化「一」賦爲「二」賦，愼讀者自當還「二」賦爲「一」賦，庶幾符東坡旨意並不負其諧趣也。

【附註】

註① 元明以降評點之學大抵如此，參王水照《蘇軾選集》二賦所附集評可知。

註② 陳氏論見，請參氏著，《韓柳歐蘇古文論》（上海文藝出版社，一九八三年五月，一版一刷），第四章〈蘇氏文學理論中的變和常——兼論赤壁賦〉。

註③ 衣文載《臺大中文學報》第六期（台大中文系，一九九四年六月）。

註④ 請幷參本書頁一七邵雍時間觀及頁二三—二〇。注⑬。

（收入《第三屆國際辭賦學學術研討會論文集》臺北，國立政治大學文學院，一九九六年十二月）

風神、遊戲與傳奇
——小論東坡的傳記文

一、前言

今傳東坡傳記之文，計〈陳公弼傳〉、〈方山子傳〉、〈率子廉傳〉、〈僧圓澤傳〉、〈杜處士傳〉、〈萬石君羅文傳〉、〈江瑤柱傳〉、〈黃甘陸吉傳〉、〈葉嘉傳〉、〈溫陶君傳〉、〈蔡使君傳〉等十一篇，各篇性質未盡相同，如：〈陳公弼傳〉最合傳之正體；〈方山子傳〉已軼繩墨之外；〈僧圓澤傳〉採《甘澤謠》而多志怪色彩；〈萬石君羅文傳〉，則滑稽遊戲之體。足見東坡傳記之文，數雖不多，學者亦罕論述，然面貌確實富於變化——其於古典傳記文學傳統究居何種地位？具何種意義？應有探究討論之價值，因試撰此文，以供學者參考。

二、傳記文學傳統

考傳記文學之祖，世推司馬遷，而此中意義，殆有二端可述：一則《史記》創列傳之體，後世史家卒莫能易①；一則司馬遷撰〈太史公自序〉，變書籍之序言而融自傳，後世作者亦多取效②。前者雖基本上爲正史所襲，成爲固定體例，但以史遷作法多變，如〈伯夷列傳〉其旨不在傳伯夷，乃自我安身立命之道之辯證；〈孟子荀卿列傳〉亦不正言孟、荀二子而旁及諸子——凡此，又皆啓後世傳記寫作無限體製、無限法門③。至於後者，形製上，固有王充《論衡・自紀篇》、曹丕《典論・自敘》、以及葛洪《抱朴子・自敘》等可謂其嫡傳，但尤要者，司馬遷藉此種「自序傳」強烈彰顯自我被所屬世界否定之「發憤」，從而表現其對「社會排斥」之對抗——此種「自我表白」、「自我辯明」精神，後遂成爲中國傳記（自傳）文學之「傳統」，前文所舉王充、曹丕、葛洪諸作莫不如此。綜合言之，史記做爲傳記文學之祖，其意義固不僅在形製、在體例，亦在作法、在精神④。

東漢以降，思想漸入體制、文體漸趨整飭，故班固《漢書》卷末雖亦承《史記》而有〈敘傳〉二篇，然自傳性稀薄，寫法迥異於史遷，除簡述官職，宛如刻板之履歷表外，皆爲大量自作轉錄。實則班固一生亦曾有追隨外戚竇憲，迨竇憲失勢而身陷囹圄之事，然班固全不加以記述，充分顯示《漢書》強烈之官方色彩與體制性格——此種轉變，竟成爾後史書序言之通例；唐以後，史書由私家著述轉爲朝廷集體編纂，「敘傳」之作更從此消失，《史記》所樹立之精神，乃轉入一般書籍序言——已如前述，不贅。吾人若視「史書」爲一種「正統」結構，則王充等人之自序傳便屬一種「統外」結構；換言之，就傳記文學而言，原本見於《史記》之自序傳精神在其同類「正統」結構中消失不見，轉入「統外」結構發展。至於文體之整飭亦在《漢書》中有明顯痕跡可尋；此下越魏晉而至梁陳，愈變本加厲，終於形成唐以前一種「標準的」高雅文體、一種「標準的」文章美要求。⑤此種標準的高雅文體長期成爲「主流」，自亦可謂爲一種「正統」結構。在傳記文學之範疇裡，此種「正統」作品太重「應用」、「實用」，太嚴別體性，傳記乃成爲「死者」之專利，演成碑誌行狀之類；而嚴格之例法，又使此種文學日益僵固——凡此，觀《文選》所錄可知矣。唯相對於此種「正統」結構之作品，魏晉以下，如阮籍〈大人先生傳〉、陶淵明〈五柳先生傳〉等，乃在「主流」之外，描繪理想人物之形象、寄託自我生命之期許，爲傳記文學開闢新天地。

綜言之，東漢以後傳記作品無論史書或文士創作，於「正統」之主流系統中俱乏善可陳，反倒於「統外」之非主流系統中，孳演出可喜之新典型。此中特別值得強調者厥爲陶淵明之〈五柳先生傳〉。日本學者川合康三以此傳係前此三種形式人物傳合流之產物——一即司馬遷〈太史公自序〉之文體；二即東方朔〈非有先生傳〉虛構性之人物傳；三即阮籍〈大人先生傳〉理想性之人物傳。⑥川合氏又云：「《五柳先生傳》所描寫的人物對象，既是現實的，又是虛構的；既是作者對自身的敘寫，又是從第三者角度的旁觀；既是自己生活的眞實寫照，又是內心理想的熱烈追求。」⑦而淵明所樹立之典型，續爲唐王績（〈五斗先生傳〉）、白居易（〈醉吟先生傳〉）、陸龜蒙（〈甫里先生傳〉），及宋歐陽修（〈六一居士傳〉）等所繼承⑧。

迨及李唐，韓、柳以前，除王績另有〈負苓者傳〉仿《楚辭・漁父》用「設論」之體，表其論《易》之旨，尚有可玩者外，略無可述。韓、柳起，傳記文學乃面目一新，遠邁前人。韓有〈太學生何蕃傳〉、〈圬者王承福傳〉、〈毛穎傳〉、〈下邳侯革華傳〉⑨；柳有〈宋清傳〉、〈梓人傳〉、〈種樹郭橐駝傳〉、〈童區寄傳〉、〈李赤傳〉、〈蝜蝂傳〉⑩。韓之〈太學生何蕃傳〉但略記何蕃一、二事以見其仁勇，已爲傳之變體。全文旨在惜蕃以居下而不得施於人，乃勉貧賤之士必有待而後能有所立；就筆法、格調、精神而言，殆承史遷〈伯夷列傳〉等作又加以變化之。〈圬者王承福傳〉則藉里巷百工之人，議論聖賢之道並以自警，是以傳爲論矣。〈毛穎傳〉雜揉典故史料，綜錯羅織，恢張想像，爲毛筆立傳，極奇詭遊戲之能事，遂成千古所未有之奇作；〈下邳侯革華傳〉亦屬同類而較遜之。柳之〈種樹郭橐駝傳〉、〈梓人傳〉、〈宋清傳〉類同於韓之〈圬者王承福傳〉，唯柳筆較不委曲，現實之政治性甚強；至若〈童區寄傳〉類游俠、〈李赤傳〉若志怪傳奇、〈蝜蝂傳〉則假小蟲以寫人，大類莊生寓言矣。

綜觀韓、柳傳記之作殆有以下三點特質：

1. 多寫里巷之人。
2. 好爲遊戲傳奇之筆。
3. 以傳抒懷、以傳論世。

「多寫里巷之人」除承史遷精神、體例外，亦與當時流行之唐人傳奇有關——「傳奇」主角不乏下層人物，見證中唐作者因社會之開放、階級之流動，所產生的對文學「體會」之轉變；陶淵明之「五柳先生傳」雖獨特有味，然「士」之本位並無改易，乃韓、柳始開啓「庶民」色彩。「好爲遊戲傳奇之筆」，除與當時「傳奇」相輔相通外，實綜承先秦以迄六朝諧謔、志怪傳統。案，古典小說之「本質」即在「志奇聞，傳異事」，故所謂「志怪」、「傳奇」，名、義實同，特或爲鬼神、或爲人事爾；而諧謔傳統，自古有之，觀《史記・滑稽列傳》、《文心雕龍・諧隱》可知。魏晉以下，此一「精彩」，遁入志怪、志人以存其緒，如曹丕《列異傳》、劉義慶《世說新語》、吳均《續齊諧記》等，皆爲其例。然平心而論，正統文人未雅重之，故衍及唐代，湮滅無聞，至韓作〈毛穎傳〉，時人猶譏刺之、批判之，唯柳宗元爲其辯，以爲奇文，並謂「俳非聖人所棄」「不必罪俳」⑪。至於「以傳抒懷、以傳論世」，實亦史遷之遺意。故知韓、柳實集諧隱、志怪史遷之英華，乳融變化之，遂大傳記之體貌、再立傳記新典型。⑫

韓、柳樹立新典型後，中、晚唐繼踵者甚衆。陸龜蒙〈管城侯傳〉（毛筆傳）、司空圖〈容成侯傳〉（銅鏡傳）直承〈毛穎傳〉；司空圖〈段章傳〉（傭人傳）步武〈圬者王承福傳〉、〈梓人傳〉；餘若：皮日休〈何武傳〉、〈趙女傳〉傳里巷之人；李商隱〈李賀小傳〉撰錄異聞，亦琳瑯滿目矣。⑬

三、東坡傳記文

韓、柳古文之義蘊與精華，越五代、宋初，爲歐、蘇等繼承發揚；韓、柳傳記文之體貌與精神，亦越五代、宋初，爲歐、蘇等賡續恢張——二者共同見證：於「文」之傳統，唐、宋相知相承之密切關聯。

北宋可觀之傳記文始見於歐陽以後，如：歐陽〈桑懌傳〉、石介〈趙延嗣傳〉、邵雍〈無名公傳〉、曾鞏〈洪渥傳〉。歐作大有「游俠」趣味；邵作不乏「五柳」色彩；石、曾之作則發潛德之幽光——然若以體式形製之恢廓豐多而言，則不能不推東坡。

東坡所作十一篇，其目見前。〈陳公弼傳〉、〈方山子傳〉、〈率子廉傳〉、〈僧圓澤傳〉、〈蔡使君傳〉等五篇寫人；餘六篇寫物。此寫物之六篇，葉夢得《避暑錄話》以爲〈萬石君羅文傳〉、〈江瑤柱傳〉、〈黃甘陸吉傳〉、〈溫陶君傳〉乃他人所作；陳善《捫蝨新話》則謂〈葉嘉傳〉爲其邑人陳元規所作。觀葉氏有云：「子瞻豈若是之陋耶！」陳氏有云：「鄙俚淺近，絕非坡作。」知二人係以反遊戲筆墨的「罪俳」心態、觀念推論，其說並不可採；而亦因此種心態、此種觀念，故二氏於前述傳記文學之典型、傳統，以及韓、柳之偉業，宋人之紹述，自無從知覺矣。今案，東坡曾許韓「文起八代之衰」[14]，又以爲「文至於韓退之而古今之變，天下之能事畢矣」[15]；於〈毛穎傳〉則曰：「退之仙人也，游戲於斯文」[16]是東坡於韓文絕爲知音，則東坡效韓撰此諸作，正東坡具隻眼之表現也。況東坡雅好戲謔，又於萬事萬物莫不興味盎然，後人若深知東坡，自不必於此多致疑焉。故明程宗據宋曹訓所刻舊本重刻之《蘇文忠公全集》（即《東坡七集》）以及據明茅維《蘇文忠公全集》本而卷首冠以項煜序之《東坡先生全集》本，皆著錄諸篇；今人孔凡禮點校蘇集（北京中華書局《蘇軾文集》）亦爲審慎計，仍襲原編，保留此類作品。以下茲分別論之：

㈠陳公弼傳、方山子傳

〈陳公弼傳〉於東坡諸傳中最稱嚴整偉岸。起筆仿史傳之正例，述陳氏籍里先世，但寥寥數筆即盡，殆以凸顯陳氏無顯赫身世，其德業皆自力所致。以下歷述行事，莫不狀其人之剛嚴威猛、清勁寡欲，其政之刑正並濟、教養仁義，凜然浩然之氣貫於全篇；末則再略摹其容貌：「長不逾中人，面瘦黑，目光如冰」，終則爲贊云：

> 聞之諸公長者，陳公弼面目嚴冷，語言確訒，好面折人。士大夫相與燕游，聞公弼至，則語笑寡味，飲酒不樂，坐人稍稍引去。其天資如此。然所立有絕人者，諫大夫鄭昌有言：「山有猛獸，藜藿爲之不採。」淮南王謀反，論公孫丞相若發蒙耳，所憚獨汲黯。使公弼端委立朝，其威折衝於千里之外矣。

筆意深得龍門之秘。不僅如此，東坡此傳另有創例而富別趣者，此即「贊」前添入二段文字：一則既綜前此所述公弼行事而爲之總結云：「平生不假人以色，自王公貴人，皆嚴憚之。見義勇發，不計禍福，必極其志而後已。所至姦民猾吏，易心改行；不改者必誅，然實出於仁恕，故嚴而不殘。以教學養士爲急，輕財好施，篤於恩義。」繼又復補一事：「少與蜀人宋輔游，輔卒於京師，母老子少，公養其母終身，而以女妻其孤端平，使與諸子游學，卒與忱同登進士第。當蔭補子弟，輒先其族人，卒不及其子慥。」一則感慨系之云：「公於軾之先君子爲丈人行，而軾官於鳳翔，實從公二年。方是時，年少氣盛，愚不更事，屢與公爭議，至形於言色，已而悔之。竊嘗以爲古之遺直，而恨其不甚用，無大功名，獨當時士大夫能言其所爲。公沒十有四年，故人長老日以衰少，恐遂就湮沒，欲私記其行事，而恨不能詳，得范景仁所爲公墓誌，又以所聞見補之，爲公傳。軾平生不爲行狀墓碑，而獨爲此文，後之君子得以考覽焉。」茲案，「贊」之前總結其人，已有「贊」意，而又補一事，並敘己之心情懷抱——凡此俱爲傳作之新例，但確實富搖曳生姿、變化萬千之趣。吾人細味其旨，仍應屬出自史遷而受歐陽沾溉所成之宋人特有之「風神」也[17]。

至於〈方山子傳〉，則世推東坡名作，選家鮮有不錄者。方山子，東坡友人陳慥之號，而陳慥則陳公弼之子也；同爲父子立傳，此亦前所未見。

此傳首段寫方山子少慕朱家、郭解爲人；後折節讀書，欲以此馳騁當世，然終不遇，晚乃遯於光、黃間，以所著方帽，類古方山冠，因謂之「方山子」。次段寫二人巧遇於岐亭，宿其家，環堵蕭然，而妻子奴婢皆有自得之意，令人聳然異之。三段拈出往昔記憶，極寫方山子之豪壯，而精悍之色，猶見於眉間，又豈果爲山中之人哉！四段推想方山子終棄勳閥富樂獨來窮山中，豈無得而然哉？末云光、黃間多異人，往往陽狂垢汙，不可得而見，方山子儻見之與？

全文大別於尋常傳體，不及世系與生平行事，只敘其游俠隱淪，省淨精彩，宛轉多姿，爲傳中變調，亦傳中極品。前人稱其用筆「隱見出沒形容」「煙波生色」⑱，最得其中之妙。東坡所以能有此可驚可喜之作，除天才外，仍如前篇，有得於史遷與歐陽也。⑲

㈡率子廉傳、僧圓澤傳

率子廉本衡山農夫，愚朴不遜，衆謂之率牛，晚隸南嶽觀爲道士。全傳旨在寫子廉之「奇」，以爲「至人」：樂居荒寂之紫虛閣，與衆道士異；嗜酒，往往醉臥山林間，於大風雨無覺，而虎狼過其前亦莫之害；託夢王侍郎祜並索詩；自知死日；神遊京師與南臺寺僧守澄遇，寄書與山中人，發其冢，杖屨而已；凡此，莫非「神異」，知此篇固「傳奇志怪」之屬。末贊王祜知率牛之異，亦可謂得道者，則仍略有史遷附傳、附論之筆意。

〈僧圓澤傳〉雖以圓澤爲主，亦兼寫李源。源，唐光祿卿李澄之子，安祿山陷東都，澄以居守死之。源悲憤自誓，不仕不娶不食肉，改居第爲惠林寺，居寺中五十餘年。圓澤則寺之僧，富而知音，與源游甚密，往往交語竟日，人莫能測。而傳中最「奇」者，厥爲二人相約遊峨嵋山，澤欲取長安斜谷路，源堅不可，遂從源自荆州泝峽。舟次南浦，見婦人錦襠負甖而汲者，澤望而泣曰：「不欲由此者，爲是也。」又曰：「婦人姓王氏，吾當爲之子。孕三歲矣，吾不來，故不得乳。今既見，無可逃者，公當以符咒助我速生。三日浴兒時，願公臨我，以笑爲信。後十三年中秋月夜，杭州天竺寺外，當與公相見。」至暮，澤果亡而婦乳；三日，往視之，兒見源果笑；後十三年源赴其約，果有牧童扣牛角而歌之，歌罷，遂去，不知所之。則此篇固與〈率子廉傳〉同爲傳奇志怪之作；唯此篇既改自袁郊《甘澤謠》，尤足以使人體會東坡之「好奇」也。

㈢蔡使君傳

蔡使君，齊西中郎中兵參軍加輔國將軍蔡道恭也。全傳但寫一事：使君爲司州刺史，以未滿五千之衆，與魏大軍相持百餘日，魏人終不能得逞。後以病卒，城陷。臨終遺言兒子、從弟、將帥：「當以死固節，無令吾沒有遺恨。」知東坡此文重在拈示使君之知兵、堅忍、忠藎；而全文最可觀者亦在其詳細描述使君之「戰術」——此自有得於史遷之法（如〈淮陰侯列傳〉即詳述韓信用兵之道），但以過於「平正」，神、趣略遜前述諸篇。

綜觀東坡五篇傳人之作，或承史遷、歐陽而特具「風神」；或承傳奇志怪傳統而與韓、柳相通；尤其前者，寫陳公弼句句確鑿深刻、寫方山子語語迷離無跡，雖韓文亦有此長，但於傳記體則無，固不能不讓東坡於前矣。

㈣萬石君羅文傳、江瑤柱傳、黃甘陸吉傳、葉嘉傳、溫陶君傳、杜處士傳

此六傳分別寫硯、干貝、柑橘、茶葉、麵條、杜仲，顯然承韓愈之〈毛穎傳〉而作也。

〈羅文傳〉無論構思、內容、作法，均與〈毛穎傳〉最合符節，趣味亦近似。毛穎見寵於始皇，羅文受知於武帝。毛穎善隨人意，正直邪曲巧拙一隨其人；羅文爲人有廉隅，不可犯，詔舉

賢良方正。毛穎老，歸封邑，終於管城；羅文老，乞骸骨伏地，以駙馬都尉惡擠之，顚仆殿下而卒。二文既相承復相對，仿效之意顯然，而角力之意亦昭昭矣。

〈江瑤柱傳〉寫瑤柱性溫平，外慤而內淳，極好滋味合口，不論人是非；能自養，名聲動天下，鄉閭尤愛重之；後以感溫風，得中乾疾，爲衆所擯，自省棄先祖之戒，不能深藏海上，又無馨德，發聞惟腥，遂大慚而歸。〈溫陶君傳〉寫溫陶君石中美幼輕躁疏散，與物不合，及從湯先生游，始陶而成之，白皙而長、溫厚柔忍。其下但記二事：一則中美之見幸，一則中美之見疏。其見幸緣於秦王日昃未食，見之甚喜，遂得充上心腹；其見疏緣於秦王召，將虛以納之，中美不熟計以進，說頗剛鯁，王不快累日，遂見疏，不得爲尙食。〈江傳〉以對話勝，多慨然之情；〈溫傳〉以對比勝，有戲劇效果；皆不乏可觀。

〈黃甘陸吉傳〉、〈葉嘉傳〉則筆力差弱，前者時見語焉不詳，後者往往入於雜漫；若必疑諸傳有非東坡作者，宜即此二篇，而〈葉嘉傳〉尤遜。

至若〈杜處士傳〉，可謂奇之又奇，無以復加。全文由杜仲、黃環對話組成，僅四百字，竟蒐羅八十四種藥材編織排列，雖不免有勉強痕跡，但已令人嘆爲觀止矣。

綜觀東坡六篇傳物之作，雖全法韓〈毛穎傳〉而來，似無新意，但善以對話推動情節，特富臨場感與戲劇性，格調、趣味已自不同⑳；而取材廣被山林江海之物，又與飲食起居息息相關，體勢情韻自亦夐絕前人。東坡好逞才、好諧謔，固由此可見；而遊戲筆墨之發揚光大，東坡於此傳統亦差無愧於韓矣。

四、結語

東坡傳記文之體類、風貌，略如上述。就傳人一類而言，固法史遷而有歐陽沾溉，又承志怪、傳奇，特富神異迷離之趣；就傳物一類而言，悉效韓愈而變本加厲，亦可爲極遊戲諧謔之能事。故於古典傳記文傳統而言，東坡允爲一綜匯典型、發揚典型之人物——尤其東坡傳人之作所展現之「風神」，宋以後，明、清兩代無能繼者㉑，益覺東坡善彰典型之難能可貴矣。唯平心而論，東坡畢竟未能新立典型；且傳物之作，全在韓之範圍內，是其所憾也。傳記傳統流及明代，頗有推擴，不唯里巷人物躍登舞臺主位，離經叛道之士亦往往成爲楷範㉒；換言之，「顚覆」正統之色彩益爲鮮明。考韓、蘇皆破「體制」之人，而明人又喜東坡——「性靈」一系尤其如此㉓，則明人此種表現，是否果有東坡之啓發在？固有待進一步探討。

【附　註】

註① 明徐師曾《文體明辨》卷五八，〈傳．序說〉云：「自漢司馬遷作《史記》，創爲列傳，以記一人之始終，而後世史家卒莫能易。」

註② 具有傳記體裁之自序，劉知幾《史通．序傳篇》以司馬相如之〈自敘〉爲始祖，然相如之文已佚，莫能知其詳；劉知幾又以爲此種「自敘」之濫觴乃屈子之〈離騷〉，然〈離騷〉篇首之「帝高陽之苗裔兮，朕皇考曰伯庸。攝提貞于陬兮，惟庚寅吾以降。皇覽揆余初度兮，肇錫余以嘉名。名余曰正則兮，字余曰靈均。」實爲源於古代祝辭之寫法，介乎咒術與文學之間（參見藤野岩友《巫系文學論》，大學書房一九五一年版，頁八六）並未爲後世自傳文學所繼承。

註③ 中國古典傳記文學有一重要特質，此即藉人物之描繪寄託作者自身之情志、思想，寓含獨特的「自我意識」，〈伯夷列傳〉可謂此種「特質」最早的展現；而〈孟子荀卿列傳〉旁及諸子之寫法，則一方面開「附傳」之體，一方面在人物之外同時記載那個時代——而這乃是中國古典傳記文學的另一特質。由是可知，司馬遷的各種創例是何等深遠地影響後世作者。

註④ 從這個角度去看，對司馬遷自謂「成一家之言」，可以有更新、更深的體會。

註⑤ 東漢以下，文字日益講求整齊的形式美，乃是文學史的事實，世所熟知。這種整齊的形式美，除了植基於漢字本然的特質外，基本上與文化的整體日益「體制化」有密切關係；當然也與上層社會的品味好尚有關。做爲史書的《漢書》亦有這樣的傾向，無非顯示了其勢之盛，實不可擋。這種整齊美的極致，終於形成駢儷之文。不論何種性質之文，一致要求這樣的美、這樣高雅的文體——它成爲自東漢以至梁陳所有文章的「標準」。

註⑥ 參見川合康三《中國的自傳文學》第三章〈希望那樣的「我」——「五柳先生傳」型自傳〉頁四九，蔡毅譯，北京中央編譯出版社，一九九九年四月一版一刷。又，嵇康有〈卜疑〉一篇亦爲虛擬之人物造型，旨趣類於阮籍〈大人先生傳〉。此外，嵇康又有〈聖賢高士傳贊〉，擇錄上古以來聖賢、隱逸、遁心、遺名者，自混沌至於管寧，凡有一百一十九人（據《三國志・王粲傳》注引《嵇康傳》）以描繪其心目中理想之人物像。魏晉以後高士傳、孝子傳、列女傳、列仙傳之「雜傳」甚多，衍及後代，亦有繼者，但體製相因者多，變新者少。

註⑦　見前揭書頁五六。

註⑧　此亦襲前揭川合氏之見。

註⑨　或疑〈下邳侯革華傳〉非韓愈作，見宋、葉夢得《避暑話錄》。然姚鉉《唐文粹》卷九十九錄此文，與〈毛穎傳〉俱繫爲韓愈，並歸爲「假物類」。葉氏之疑殆不可從。

註⑩　另有〈曹文洽、韋道安傳〉有目無文，故不著。

註⑪　參見柳氏〈讀韓愈所作毛穎傳後題〉、〈答楊誨之書〉。

註⑫　其實韓、柳卓偉之功，正在「新文體」的創造——固不僅傳記一類而已。而這種「新文體」又非憑空而創，乃融化前此所有舊文體之體貌、精神、義例、作法，貫以二人之才性，故能克盡其功。韓尤超絕，其於變革文體可謂用心至深，死生以之。以傳記爲例，〈毛穎傳〉一篇，已前所未有；而又大量創作碑誌之文，正爲東漢以來僵化之同類作品起死回生。質言之，韓一方面對漢魏六朝那種「正統結構」中千篇一律之碑誌文「操其戈，入其室」，加以新變；一方面融所有舊傳統，爲「統外結構」的系統拓新境界。

註⑬　中唐實古典文學發展變化之大關鍵期，詩、文皆然。以傳記文學而言，除文內所述韓、柳之開拓，以及淵明所樹立之典型有白居易〈醉吟先生傳〉、陸龜蒙〈甫里先生傳〉為之賡續外，亦有陸羽〈陸文學自傳〉、劉禹錫〈子劉子自傳〉遠承〈太史公自序〉表白自我之精神，涵融時代之獨特，深具動人之姿。質言之，自先秦兩漢以迄六朝，所有傳記文學之典型、系統、特質，中唐作者乃予以綜合表現。

註⑭　語見〈潮州韓文公廟碑〉，北京中華書局《蘇軾文集》卷十七。

註⑮　語見〈書吳道子畫後〉，前揭書，卷七十。

註⑯　二句未詳所出，待查。此處係轉引馬其昶校注本《韓昌黎文集》（台北，華正書局）卷八〈毛穎傳〉下列曾國藩語。

註⑰　方苞〈古文約選序例〉云：「永叔摹《史記》之格調而曲得其風神。」歐陽修善唱歎感慨之辭，明、清諸家莫不以為得司馬子長之神髓——此世所謂「六一風神」也。而歐陽此種唱歎感慨之調，揉以「紆餘委備，條達疏暢」（蘇洵〈上歐陽內翰第一書〉）之韻，與韓、柳比，特具「陰柔」之美；流及歐門曾、蘇諸子，共同形成與唐文相異之格調。參見拙著《唐宋古文新探》（台北，大安出版社，一九九〇年五月一版一印）〈韓愈古文作法探析〉、〈歐陽修古文作法探析〉等文。

註⑱　「隱見出沒形容」乃袁宗道語（或作王聖俞語）；「湮波生色」乃茅坤語。參見王水照《蘇軾選集》（台北，群育堂出版公司）〈方山子傳〉所附「評箋」。

註⑲　文中論〈陳公弼傳〉、〈方山子傳〉皆以其風神得自史遷與歐陽，而不特別拈出韓愈，殆欲強調此特富唱歎一系之流脈也。韓非無此調，如〈殿中少監馬君墓誌〉即是，但終非韓之主調。韓又有〈送董邵南序〉、〈送廖道士序〉，呑吐開闔、轉折隱見之致，不讓〈方山子傳〉，則東坡或亦有得於此，學者宜通達觀之。

註⑳　對話多，爲東坡傳記文一特色，疑此恐亦變自古之「設論」一體。《文選》特立「設論」類，錄東方朔〈客難〉、揚雄〈解嘲〉、班固〈賓戲〉等三文。有趣的是，三篇皆通過回答對話者詰難，表明自我之優美，頗有自傳色彩，故《册府元龜》將之收入，別爲「自述」一類（卷七六九）。

註㉑　明、清古文家於史遷、歐陽之「風神」頗有體會，已略述於注⑰。然筆力不足以起之，故「風神」不再。歸有光爲其中俊者，善狀人情態，有婉約陰柔之韻，但已變「風神」之調矣。

註㉒　有明一代，小人物傳大量增多，販者、醫者、百工、方技、家僕、婦女……可謂無類不有；而以離經叛道之士爲楷範，則觀李贄〈自贊〉、袁宗道〈徐文長傳〉等大略可知。値得附帶一提的是：前者之小人物傳，敘寫頗見滑稽突梯，然率終以載道結；後者則不乏謔己謔人情調；二者共同成就了明代傳記文之獨特風貌。

註㉓　東坡詩文在明代大受歡迎，刊布流行極廣，毛晉《蘇米志林・跋》有云：「唐宋名集之最著者，無如八大家；八大家之尤著者，無如蘇長公。凡文集、詩集、全集、選集，不啻千百億本，而『寓黃』、『寓惠』、『寓儋』、『志林』、『小品』、『艾子』、『禪喜』之類，又不啻千百億本。」清晰地反映了當時的情況。蘇詩、蘇文所以有此盛勢，除因便於舉業外，實由於東坡詩文中所展現之生活藝術美感與親切自然之眞我，符合明人的好尚品味。而李贄、王納諫、陳夢槐、鍾惺、袁宏道等性靈派人物皆曾編集蘇詩、蘇文。參見陳萬益〈蘇東坡與晚明小品〉，收入氏著《晚明小品與明季文人生活》，台北，大安出版社，一九八八年五月初版。

附錄：杜處士傳

杜仲[1]，郁里人[2]也。天資厚朴[3]，而有遠志[4]，聞黃環[5]名，從之游。因陳[6]曰：「願輔子[7]半夏[8]，幸仁[9]憫焉，使得旋復[10]自古揚[11]摧[12]。」環曰：「子言匪實[13]，宜蚤休[14]，少從容[15]，將訶子[16]矣。」仲曰：「人之相仁[17]，雖不百合[18]，亦自然同[19]，況吐新意以[20]前乎[21]？吾聞夫子[22]雌黃[23]冠衆[24]，故求決明[25]於子，今子微[26]銜吾，爲其非儕乎[27]？」曰：「吾如貧者，食無餘糧[28]，獨活[29]久矣。子今屑[30]就，何以充蔚子[31]乎！苟跡子[32]之素狂，若所請亦大激[33]矣。試聞子之志也。」曰：「敢問士何以益智[34]？行何以非廉[35]？先王不留行[36]者何事也？」曰：「此匪子[37]解也。夫得所託者，猶之射干[38]臨於層城也。居非地者，猶之困于蒺藜[39]也。今子宛[40]如《易》之所謂『井渫[41]不食』也。非揚淘[42]之而欲其中空清[43]，是坐恆山而望扶桑[44]耳，勢不可及已。使投垢[45]熟艾[46]以求別當世，則與之無名異[47]矣。其蒙甚，願子白之[48]。」曰：「吾自[49]通微，預知子[50]高良[51]，故謾矜子[52]以短而欲亂子言，子能詳微意，知所激刺，亦無患子[53]矣。雖然，澤蘭[54]必馨，今王明[55]苟起子[56]爲赤車使者[57]，且將封子[58]，子甘從之乎？」曰：「吾大則欲伏神59以安息60，小者吾殊于61衆而已矣。雖登文石62摩螭頭63不願也。古人有三聘而起松蘿64者，迫實65用也。余將杜衡66門以居之，爲一白頭翁67，雖五加皮68幣於我，如水萍69耳，豈當歸70之哉？」環曰：「然。世有陰險以求石斛71之祿者，五味子72之言可也，雖吾亦續隨子73矣。」

或斥之曰：「船破須茹74，酒75成於麴76，猶君之錄英77才也。彼貪祿角78進者，可誚之也。若夫躑躅79而還鄉，甘遂80意於丁沉81，則吾之所謂獨行82之民，可使君子83懷寶，烏84久居此爲哉！」

余愛仲善依人，而嘉環能發其心，故錄之爲傳。

---

(1)杜仲(2)郁李仁(3)厚朴(4)遠志(5)黃環(6)茵陳蒿(7)附子(8)半夏(9)杏仁(10)旋覆花(11)羊(12)雀(13)榧實(14)蚤休(15)肉蓯蓉(16)訶子(17)青葙子(18)百合(19)自然銅(20)薏苡仁(21)前胡(22)麩子(23)雌黃(24)貫衆(25)決明子(26)紫葳(27)柴胡(28)禹餘糧(29)獨活(30)金屑(31)茺蔚子(32)枸杞子(33)大戟(34)益智子(35)飛廉(36)王不留行(37)榧實(38)射干(39)蒺藜(40)紫菀(41)井底沙(42)羊桃(43)空青(44)扶桑(45)頭垢(46)艾葉(47)無名異(48)白芷(49)梧子(50)預知子(51)高良薑(52)蔓荊子，蔓菁子(53)無患子皮(54)澤蘭(55)王明(56)枸杞子（前已出）(57)赤車使者(58)大風子(59)茯神(60)安息香(61)吳茱萸(62)文石(63)鴟頭(64)松蘿(65)柏實(66)杜衡(67)白頭翁(68)五加皮(69)浮萍(70)當歸(71)石斛(72)五味子(73)續隨子(74)竹茹(75)酒(76)麴(77)陸英(78)鹿茸(79)羊躑躅(80)甘遂(81)

丁香，沈香(82)獨行根(83)使君子(84)烏

（收入《千古風流——東坡逝世九百年學術研討會論文集》，臺北，洪葉文化公司，二〇〇一年五月）

朱子的文論

一、前言

在宋代文學理論的發展過程中，有所謂「道學」一派，這是學者公認的事實。他們從邵雍、周敦頤，經司馬光，到二程，愈來愈輕視文學，終至於完全否定文學，形成了極激烈、極專制的道學文學理論；也形成了和以蘇軾爲首的古文家理論尖銳對立、水火不容的態勢①。二程這種偏頗的文學觀念，一直到南宋的朱子才有較圓融的修正。而有趣的是，朱子一方面以其對文學深厚的素養，平衡了二程的偏頗；一方面卻也爲二程崇「道」的主張，做了更鞏固的理論建構；尤有進者，更強化了道學家對古文家的黨同伐異。朱子這種種相反相成、相成相反的錯綜表現，既宣示了他鮮明的「道學」標記，又展示了他對文學藝術性的充分了解；既建構了道學家圓融平和的文學理論，又巧妙壓抑了純文學的價值與地位；朱子在道學派文學理論發展過程中，可謂最具偉業之人物。本文分從：道學化的基本觀念、文學化的衍生觀念以及若干可議的論點等三方面，探析朱子文論的重要內涵，同時夾議有關上述理論巧妙錯綜之事實。

二、道學化的基本觀念

考朱子文論中道學化的基本觀念，殆可分爲三項：本質論、表現論、工夫論。《朱子語類》（以下簡稱《語類》）卷一三九云：

> 道者，文之根本；文者，道之枝葉。惟其根本乎道，所以發之於文，皆道也。三代聖賢文章皆從此心寫出，文便是道。

又云：

> 這文皆是從道中流出，豈有文反能貫道之理？

毫無疑問的，朱子把文、道視爲一個統一的結合體，道是根本，文是枝葉；所有的文莫非道之流現，所有的文莫不緣道而生。這種文從道出、道文合一的看法，即是朱子文章的基本看法，亦即他的文章本質論，故〈答汪尚書〉②亦云：

> 道外有物，固不足以爲道；且文而無理，又安足以爲文乎？蓋道無適而不存者也。故即文以講道，則文與道兩得而一以貫之。

文道終究是一貫的。

從這種本質論出發，朱子認爲文章的表現應該重平易、自然。他說：

> 古人文章大率只是平說而意長，後人文章務意多而酸澀。如〈離騷〉初無奇字，只恁說將

去，自是好。

又說：

歐公爲蔣穎叔輩所誣，既得辨明，謝表中自敘一段，只是自胸中流出，更無些窒礙，此文章之妙也。

文字自有穩當底字，只是始者思之不精。

文字自有一個天生成腔子，古人文字自貼這天生成腔子。（俱見《語類》，卷一三九）

既然文章是從道中流出的，所以文章也只要尋其穩當底字，貼著它天生成腔子自然平易作去即可——朱子這種文章表現論，可以說是從他的文章本質論發展出來的。

至於在作文的工夫論上，朱子強調模擬，又強調精讀、熟讀。朱子既認爲文字有個天生成腔子，古人皆貼這天生成腔子，則欲作好文，就應當模倣古人——蓋學之既久，自然純熟，便作出好文字矣。故《語類》再三致意云：

前輩作文者，古人有名文字皆模擬作一篇。故後有所作時，左右逢源。

前輩做文字，只依定格本分做，所以做得甚好。

古人作文作詩，多是模倣前人而作之，蓋學之既久，自然純熟。（俱見《語類》，卷一三九）

模擬之外，精讀、熟讀，厥爲作文不可少之工夫。《語類》卷一三九云：

人做文章，若是仔細看得一般文字熟，少間做出文字，意思語脈自是相似。讀得韓文熟，

> 便做出韓文底文字；讀得蘇文熟，便做出蘇文底文字。若不曾仔細看，少間卻不得用。
>
> 若會將《漢書》及韓柳文熟讀，不到不會做文章。
>
> 今日要做好文者，但讀《史》、《漢》、韓、柳而不能，便請斫取老僧頭去！

意思明確，說得斬釘截鐵；而〈滄州精舍論學者〉③一文更舉蘇洵爲例，闡論精讀、熟讀，積學日久之後的化生妙境：

> 老蘇自其初學爲文時，取《論語》、《孟子》、韓子及其他聖賢之文，而兀然端坐終日以讀之者七、八年。方其始也，入其中而惶然以博，觀其外而駭然以驚。及其久也，讀之益精，而其胸中豁然以明。若人之言固當然者，然猶未敢自出其言也。歷時既久，胸中之言日益多，不能自制，試出而書之，已而再三讀之，渾渾乎覺其來之易也。

事實上，精讀、熟讀係朱子讀書問道工夫之一貫主張。《語類》卷一〇四自論爲學工夫有云：

> 今日看此一段，明日且更看此一段，看來看去，直待無可看，方換一段看。如此看久，自然洞貫，方爲浹洽。……舊見先李先生說：「理會文字，須令一件融釋了後，方更理會一件。」「融釋」二字下得極好，此亦伊川所謂：「今日格一件，明日又格一件，格得多後，自脫然有貫通處。」
>
> 如今讀一件書，須是眞個理會得這一件了，方可讀第二件；讀這一段，須是理會得這一段了，方可讀第二段。少間漸漸節次看去，自解通透。只五年間，可以讀得經、子諸書，迤

邇去看史傳，無不貫通。韓退之所謂「沈潛乎訓義，反覆乎句讀」。須有沈潛反覆之功方得。

講究精讀、熟讀的工夫，其實是爲了經由沈潛反覆進致融釋貫通——這是問道爲學的高層境界。從這裡我們可以體會到朱子的文論仍然植基於其道學的修養，而文章的工夫論與問道爲學之工夫正相一致④。

綜觀上述，無論本質論、表現論、工夫論，都一致地顯示了朱子道學化的文章觀點。從本質上說，文從道出；道爲本，文爲末，道文一貫。從表現及工夫上說，文既緣道而生，則平易自然固爲最好的表現方式，而模倣古人亦不失爲最佳的學文門徑；至於精讀、熟讀則尤有助於理會道理、融釋貫通，作出完全符合道、呈現道的文字。三種論點其實完整地架構了一個具有系統的高度的「道學文論」。

這個理論系統比二程的「作文害道」、「爲文玩物」⑤圓融平和，因爲二程的論點顯示了他們完全排斥文、否定文，視文、道爲對立不相容之水火二體，這種論點只有「專制」的霸氣，卻沒有服人的邏輯推理；相形之下，朱子要中正和平多了。其次，這個理論系統也修正了周敦頤「文以載道」的可能疏漏。當周敦頤說「文所以載道也」⑥時，其本意固然是以道爲本，以文爲末，文是爲道服務的；但從字面上看，反易使人誤解成文爲本，道爲物，並且文是文、道是道，二者之間沒有必然的有機聯繫⑦。這麼一來，不但文、道二者的關係本末錯置，其爲一體一貫的統一性也蕩然無存。朱子的考慮眞是細密周到。最後，這個理論系統徹底批判了李漢「文以貫道」⑧、歐陽修「文與道俱」⑨的論點，也嚴格畫分了道學家與古文家的界限。蓋前文所引：「這文皆是從道中流出，豈有文反能貫道之理？」原是朱子應弟子才卿之問，而駁古文家顚倒本末，朱子在此一答問中，明白表示：「文只如吃飯時下飯耳」「若以文貫道，卻是把本爲末，以末爲本，可乎？」而前文所引：「道者，文之根本；文者，道之枝葉。」亦是朱子斥東坡裂文、道爲二，「待作文時，旋去討個道來入放裡面，此是他大病處。」所以認爲東坡作文「大本都差」。朱子淸晰了當地指出古文家重文輕道，甚至割裂文道，以道爲塡充物的謬誤行徑。質言之，朱子這個理論系統有破有立：他站在道學的基本立場上，一方面破古文家之論點，畫淸界線，不容「文以貫道」、「文與道俱」與「道文合一」魚目混珠；一方面補救道學家無心的疏失與無理的偏激，攻守相得，建構了道學家最周密的理論系統。

三、文學化的衍生觀念

前節所述之朱子文論，基本上可以說是發於他道學的學術立場，出於他道學的學術本原。雖然修正了二程的偏頗，賦予文一定存在的意義與價値。但從本質上說，仍是高度道學化的文論。如果朱子的文論只呈現這樣的內涵，那麼，朱子的文論便仍不能更具體細密地顯示其圓融，則朱子在中國文學批評史上，也就沒有特殊的地位。事實上，朱子雖爲旗幟最鮮明的道學家，但文學的素養至爲豐富，其文學的品鑒至爲敏鋭，其對文學價值的認知也無庸置疑——這些都促使朱子產生了更宏闊、更深刻、更細膩的文論，以下續作探述。

《語類》卷一三九云：

> 漢末以後，只做屬對文字，直到後來，只管弱。
>
> 東漢文章尤更不如，漸漸趨於對偶。

又説：

> 看陳蕃叟〈同合錄序〉，文字艱澀。曰：「文章須正大，須教天下後世見之，明白無疑。」諸公文章馳騁好異。止緣好異，所以見異端新奇之説從而好之。這也只是見不分曉，所以如此。
>
> 作文字須是靠實，説得有條理方好，不可架空細巧。……如歐公文字好者，只是靠實而有條理。……秦少游〈龍井記〉之類，全是架空説去，殊不起發人意思。

可見朱子是反對駢偶、反對艱澀、反對新奇、反對纖巧的。這些觀點完全符合歐陽一派古文家的主張，同時應和有宋一代的文學風氣⑩，並且揭示了某種文學美的境界。我們毫無疑問的可以將之視爲純粹文學屬性的見解，它們可能反映了朱子與古文家的相涉。但更值得注意的是，這些觀點又都與前節所述的自然、平易的表現論相應相通；換言之，它們仍然出於朱子的道學本原，反映了朱子既文學又道學的涵養。這樣的文論既是文學性的，也是道學性的。我們終於可以體會，朱子確實提出了很好的「文學」論點，這些論點也許還受到古文家的感染啓發，但它們又都一致的歸本於朱子的道學。

除了反對駢偶、艱澀、新奇、纖巧之外，朱子頗重視文章法度。前引《語類》所謂：「歐公文字好者，只是靠實而有條理。」已經透露此意；《語類》卷一三九又云：

凡人作文字，不可太長，照管不到，寧可說不盡；歐、蘇文皆說不曾盡。史記不可學，學不成都顛了，不如且理會法度文字。

歐公文字亦多是修改到妙處……如尋常不經思慮，信意所作言語，亦有絕不成文理者，不知如何！

也都顯示了朱子雖然主張平易、自然，但文章不能信筆隨寫，要有佈置、經營、修改，以達結構嚴整，言盡意長的境地，故〈答鞏仲至〉（第四書）⑪云：

記文甚健，說盡事理，但恐亦當更考歐、曾遺法，料簡刮摩，使其清明峻潔之中，自有雍容俯仰之態，則其傳當愈遠，而使人愈無遺憾矣。

而他對陳師道的讚美，也全著眼於此⑫——這都充分證明了朱子是重視文章法度的。

無獨有偶，非常有趣的是，講究法度根本是歐陽一系古文家念茲在茲，上下相承的大觀念。透過法度的了解與掌握，作出最豐美、最簡潔的文章，是歐陽一系古文家最高的訴求⑬。朱子在此再度顯示了其論點與古文家的相涉；尤其全以歐陽爲例，更使人感覺他完全了解歐陽，也完全贊成歐陽；朱子好像在為歐陽做註腳。

然則法度文字絕非刻板機械的文字，「說不盡」其實是它最重要的目標。「說不盡」即「意長」（二語皆見前引），即言有盡而意無窮，朱子對此一境界至為推許，前文述表現論時，已可體察，《語類》卷一三九又云：

大抵聖賢立言，本自平易，而平易之中，其旨無窮。

顯然朱子追求的是一種看似平易，實則眞味無窮的文章美。他對歐陽文章的好處領會細膩而深刻：

雖平淡，其中卻自美麗，有好處，有不可及處，卻不是闒茸無意思。

然有紆餘曲折，辭少意多，玩味不能已者，又非辭意一直者比。（俱見《語類》，卷一三九）

正是從這種角度去立論；甚至對他所最尊崇的曾鞏不稍迴護地說：「曾所以不及歐處，是紆餘曲折處。」（出處同上）也還是從這個角度去說的。

朱子的這些見解，其實頗有重要的意義——它們清楚地顯示了朱子能夠進入文字內在細密的肌理，品味言外更豐富、更深刻的美學境界。所以他說梅堯臣不是「平淡」，只是「枯槁」（《語類》卷一三九）；他看呂祖謙評文，深致不滿，認為「文章流轉變化無窮，豈可限以如此？」（同上）這些見識不唯遠勝道學家，甚且超越古文家，建構了文章高層次的藝術境界。

然而同樣值得進一步推敲的是，朱子所揭示、所提倡的這種平易而深邃的文學美，仍然應和著他的道學思想，植基於他的道學本原。《語類》卷一一四有這樣一則記載：

陳才卿說詩。先生曰：「謂公不曉文義，則不得，只是不見那好處。正如適間說窮理，也知事事物物皆具此理，隨事精察，便是窮理，只是不見所謂好處。所謂『民生日用而不知』，所謂『小曉得而大不曉得』，這個便是大病！某也只說得到此，要公自去會得。」久之，又曰：「大凡事物須要說得有滋味，方見有功。而今隨文解義，誰人不解？需要見古人好處。如昔人賦梅云：『疏影横斜水清淺，暗香浮動月黄昏。』這十四個字，誰人不曉得？然而前輩直恁地稱歎，說他形容得好，是如何？這個便是難說，需要自得言外之意始得。須是看得那物事有精神方好。若看得有精神，自是活動有意思，跳躑叫喚，自然不知手之舞，足之蹈。這個有兩重：曉得文義是一重，識得意思好處是一重。若只是曉得外面一重，不識得他好底意思，此是一件大病。如公看文字，都是如此。且如公看《詩》，自宣王中興諸詩至此。公於其他詩都說來，中間有一詩最好，如〈白駒〉，是也，公卻不曾說。這個便見公不曾看得那物事出，謂之無眼目。若是具眼底人，此等詩如何肯放過！只是看得無意思，不見他好處，所以如此。」又曰：「須是踏翻了船，通身都在那水中，方看得出！」

朱子在此雖然就學《詩》而言，但其理實可相通於文。在窮理學道的進程中，「知事事物物皆具此理，隨事精察」，固是窮理，但不知「所謂民生日用」，便是「不見所謂好壞」的「小曉得」，不是徹底「大曉得」的窮理。推此以論文，「隨文窮義」便只是「小曉得」的第一層境，須見古人好處，始是「大曉得」的深一層境。這深一層境，即「言外之意」。文章有言外之意，始有精神、有滋味。朱子在此還教人須如踏翻船，通身都在水中始得。對這一點，錢穆有精彩的闡釋：

水在船外，正如意在言外。憑曉解文義來學詩，正如身坐船中看水，總與水隔了一層。踏翻了船，通身在水中，始是學詩（文）眞境界，始眞知了那水。讀書學道亦只如此。此是朱子教人學詩學文最透闢語。⑭

文學「言外之意」的追尋，正如學道中「大曉得」的窮理。總之，這一段文字又充分反映了朱子一切的評論、一切的見解，都是隨時隨地地回應至他的道學體系的。「平易深邃」的文論，一方面揭示了一種高層的文學美，反映朱子深厚的美學素養；一方面還是歸本於他的道學，再度鞏固了他道學化文論的體系。

朱子有關文學美的見解，大致如上所述，這裡再引幾則文字以見朱子鑒賞心胸之寬闊：

楚漢間文字，眞是奇偉，豈易及也！

司馬遷文雄健，意思不帖帖，有戰國文氣象。賈誼文亦然。老蘇文亦雄健。似此皆有不帖帖意。董仲舒文實；劉向文又較實，亦好，無些虛氣象；比之仲舒，仲舒較滋潤發揮。大抵武帝以前文雄健，武帝以後更實。

東坡文字明快，老蘇文雄渾，儘有好處。

歐公文字敷腴溫潤，曾南豐文字又更峻潔。

前輩文字有氣骨，故其文壯浪。（俱見《語類》，卷一三九）

雄健、明快、雄渾、壯浪等陽剛之文以及敷腴溫潤等陰柔之文，乃至峻潔、實等別具穩重明淨之文，朱子俱稱美之，可見任何文學美的表現，朱子都是能欣賞的；尤其在其最爲推崇平易深邃之美的立場下，能有這樣開闊的鑒賞胸襟，確實難得。其中對各家風格所做之評斷，亦多精確得體，更顯示其眼光之銳利與識見之卓越。朱子在此展現了他深厚的文學涵養。

綜合本節所述，我們可以了解到：朱子有相當正確的文章觀念——反對駢偶、艱澀、新奇、纖巧，以及重法度——這些都是具有普遍認同度的文章觀念；而言盡意餘，意在言外的深邃美之提出，則更宣示他獨特的美學見解；加上他能對不同風格的作品予以肯定、欣賞，並且看出它們不同之所在，又見證了他敏銳精確而開明的批評尺度。這種種論見共同展現了朱子對文章藝術的充分了解以及高度掌握，也充實了他文論系統的深度與廣度，促進了整個系統的圓融。經由這些論點，我們的確看到道學派中最文學化的理論體系。然而我們最終還是發現，這麼「文學化」的理論體系依然回歸於朱子的道學本位。換言之，朱子的文論既符合了「文學」的要求，也謹守了「道學」的原則。有宋一代在「理論」上，將一直難以相合的「文學」與「道學」如此巧妙融合、相涉、兼顧的，恐怕只有朱子一人。

四、若干可議的論點

朱子的文論雖然有如上的圓融的架構，但其中仍有部分可議的論點，歸納言之，大抵有三：㈠文章三十而定；㈡文章今不如古；㈢極詆蘇軾。

㈠文章三十而定

《語類》一三九云：

然而人之文章，也只是三十歲以前氣格都定，但有精與未精耳。……向見韓無咎說，它晚年做底文字，與他二十歲以前做底文字不甚相遠，此是他自驗得如此。

文章在三十歲以前已經定型，到三十歲以後，進步、改變都不會太多。朱子這種看法當然有其一定的適用性與準確性，但絕對沒有普遍的適用性與充分的正確性，這是不辯可知的。因為無論風格、思想、感情、技巧，種種文章內容美的呈現，就一個誠敬努力的作家而言，都不會三十歲以前即定，三十歲以後無改；它其實會有不斷的突破與進境。朱子所以這麼說，大概基於二個原因：一是他相信「人老氣衰文亦衰」、「人晚年做文章，如禿筆寫字，全無鋒銳可觀。」⑮他自己的經驗也是四、五十歲寫的文字還只是二十左右所做的文字⑯。二是他希望人們勿把時光花費在作文字上。《語類》卷一三九說：

人到五十歲，不是理會文章時節。前面事多，日子少了。

基本上，朱子相信人過三十，學習能力即難有長進，故時間應取來學道理，勿作他用。《語類》卷一〇四便云：

三十年前長進，三十年後長進得不多。

然而這二個原因之中，可能後者才是重點。換言之，朱子在勉人學道的考慮點上，強調學文的徒勞，無非企圖導人專心學道，勿有旁鶩罷了。《語類》卷一三七又說：

退之文字儘好，末年尤好

分明和這裡的意見矛盾。事實上，朱子三十而文定的說法是可議的，而這種可議的造成卻仍受道學思想的影響。

(二)文章今不如古

《語類》卷一三九云：

韓文力量不如漢文，漢文不如先秦戰國。

卷一三七又云：

自漢以來，詔令之稍可觀者，不過數個——盡無那一篇比得典謨訓誥！

前者已經清楚地顯示朱子的「文章退化論」；後者更進一步顯示，即使在個別文體上，作品也還是今不如古。朱子這種觀點的正確性——一如前項觀點——只是部分的而非全面的。畢竟在短暫的時空裡，容或有後不如前，今不如古之情況；但拉長了時空來看，後代文章永遠會對前代文章有所改易變化；後代文章也永遠可與前代文章各具擅場、分庭抗禮。朱子何以持這種極端的「尚古主義」？可能還是與他反駢偶的主張以及「古人文字自貼這天生成腔子」的信念有關。駢偶即精巧工麗，文章駢偶便不能與言「天生成腔子」，更難於達至「平易、自然、深邃」之境界。而反省整個中國文章發展的歷史，自先秦至兩漢以下，便是日益朝駢偶的路上走去，在朱子的觀念裡，當然就成了一代不如一代，愈來愈衰；韓愈雖反駢偶，但已不能達古人「恁地說出」的那種最「自然」的境地。《語類》卷一三九有這樣一則記載，頗足以說明朱子這種看法：

問〈離騷〉、〈卜居〉篇内字。曰：「字義從來曉不得，但以意看可見。如『突梯滑稽』，……想只是信口恁地說，皆自成文。林艾軒嘗云：『班固、揚雄以下，皆是做文字。已前如司馬遷、司馬相如等，只是恁地說出。』今看來是如此。……《史記》所載，想皆是當時說出。」又云：「漢末以後，只做屬對文字，直至後來，只管弱。如蘇頲著力要變，變不得。直至韓文公出來，盡掃去了，方做成古文；然亦止做得未屬對合偶以前體格，然當時亦無人信他，故其文亦變不盡。……到得陸宣公奏議，只是雙關做去。又如子厚亦自有雙關之文，向來道是他初年文字。後將年譜看，乃是晚年文字，蓋是他效世間模樣做則劇耳。文氣衰弱，直到五代，竟無能變。」

在這裡，朱子別文章之好壞，是依「說出的」、「做出的」爲標準來分。前者自然平易，後者不免刻意造作；前者僅存於西漢以前；東漢以降皆成後者。類似的說法在《語類》卷一三九中還有多例，如：「古人文章大率只是平說而意長，後人文章務意多而酸澀。」「〈離騷〉初無奇字，只恁說將去，自是好；後來如魯直，恁地著力做，卻自是不好。」以及「荀卿諸賦縝密，盛得水住。歐公〈蟬賦〉：『其名曰蟬。』這數句也無味」、「《楚詞》平易，後人學做者反艱深了，都不可曉」、「漢初賈誼文質實。晁錯說利害處好，答制策便亂道。董仲舒之文緩弱，其〈答賢良策〉不答所問切處；至無緊要處，又累數百言。東漢文章尤更不如，漸漸趨於對偶」等等。總而言之，由於朱子所追求的文章深邃美的藝術境界，其實通同於他求道窮理的深層境界，於是促使他強調自然、平易的文章表現與風格，進而肯定「說出的」文字，而貶抑了「做出的」文字，終於不能不衍生出「文章退化論」。但此一「文章退化論」，實在有其時時可見的漏洞——拿它和朱子一些實際的作家品評或作品品評來比對，便常有矛盾發生。此例甚多，檢之自見，茲僅舉一例言之，《語類》卷一三九：

> 司馬遷文雄健，意思不帖帖，有戰國文氣象。賈誼文亦然。老蘇文雄健。似此皆有不帖帖之意。董仲舒文實；劉向文又較實，亦好，無此虛氣象；比之仲舒，仲舒較滋潤發揮。大抵武帝以前文雄健，武帝以後更實。

持與前引資料相比，牴牾之處顯然；但若客觀而論，朱子在此所顯示的批評尺度、批評眼光、批評語言，其實都比較精確、平實、可取。

「文章退化論」造成了朱子文論中許多不應有的矛盾，也不免使他原本熠熠生輝的見解蒙塵，這是令人遺憾的。

㈢極詆蘇軾

在本文第二節探討朱子道學化的基本觀念時，曾論及朱子駁斥李漢「文以貫道」、歐陽修「文與道俱」之說，並嚴分古文家與道學家界線，視古文家無「道」、不知「道」。由於這是朱子站在身爲道學家的立場立論，縱或猶有可議之處，但由於尊重朱子的學術立場，我們覺得不必計較爭論。舉例來說，「文與道俱」一語與朱子「道文一貫」的主張，其實無何差別，朱子卻必予嚴辭以懲，批判就不免勉強。《語類》卷一三七又說：「韓退之、歐陽永所謂扶持正學，不雜釋、老者也。然到得緊要處，更處置不行，更說不去。便說得來也拙，不分曉。緣他不曾去窮理，只是學作文，所以如此。」「韓退之及歐、蘇諸公議論，不過是主於文詞，少間卻是邊頭帶說得些道理，其本意終可自見。」甚至〈讀唐志〉⑰一文更洋洋乎論及：

孟軻氏沒，聖學失傳。天下之事背本趨末，不求知道養德以充其內，不汲汲乎徒以文章爲事業。……韓愈氏出，始覺其陋，慨然號於一世，欲去陳言，以進《詩》、《書》六藝之作，而其弊精神、縻歲月，又有甚於前世諸人之所爲者。……然今讀其書，則其出於諛諂戲豫放浪而無實者，自不爲少。若夫所原之道，則亦徒能言其大體，而未見其有探討服行之效，使其言之爲文者，皆必由是以出也。……其師生之間，傳授之際，蓋未免裂道與文以爲兩物。……而後歐陽子出，其文之妙蓋已不愧於韓氏……然考其終身之言與其行事之實，則恐其亦未免於韓氏之病也。抑又嘗以其徒之說考之，則誦其言者既曰「吾老將休，付子斯文」矣，而又必曰「我所謂文，必與道俱」。其推尊之也，既曰「今之韓愈」矣；

而又必引「文不在茲」者以張其說。由前之說，則道之與文，吾不知其果爲一耶？爲二耶？由後之說，則文王、孔子之文，吾又不知其與韓、歐之文果若是其班乎否也？

這些論點無非不斷指陳韓、歐、蘇等古文大家無與乎「道」，終究僅是「能文之士」罷了。我們設身處地，站在朱子的立場，當能了解其中有著學術是非的考量，自然不忍苛責，也不必苛責。但是，學術本位的是非考量，畢竟有其在理的限度，不可過度膨脹，更不可流於情緒。朱子雖將韓、歐驅於「道」外，但對韓文、歐文的肯定、讚美也都不少——這至少證明了朱子還能以一份公正心、平常心看待韓、歐；相對之下，朱子對蘇軾的批評就不免嚴苛。《語類》當中，正面論蘇文的記載寥寥二、三條而已；其他則或先予肯定，終則保留，如：「坡文雄健有餘，只下字亦有不貼實處。」「坡文只是大勢好，不可逐一字去檢點。」「蘇子瞻雖氣豪善作文，終不免疏漏處。」（俱見《語類》，卷一三九）而最多的還是極力譏詆：

作歐公文集序，先說得許多天來底大，恁地好了，到結末處卻只如此，蓋不只龍頭蛇尾矣。

坡公文如說辨後對人鬧相似，都無恁地安詳。

東坡輕文字，不將爲事。若做文字時，只是胡亂寫去，如後面恰似稍後添。

復看坡文，一段中間欠了句，一句中欠了字。

到東坡文字便已馳騁忒巧了。及宣、政其間，則窮極華麗，都散了和氣。

（《語類》，卷一三〇）⑱

蘇文害正道，甚於老、佛。……先生正色曰：「某在當時，必與他辯。」卻笑曰：「必被他無禮。」（俱見《語類》，卷一三九）

綜合朱子這些意見，不啻在說蘇軾文章無結構、無理路、無章法、無矜愼態度，並且傷害質樸文風、傷害正道。似乎一切的缺點，都備諸蘇文；一切的責任也都諉諸蘇文。這種論點實已落入嚴重的偏頗。考朱子所以有這樣的偏頗，首先與蘇軾玩侮程頤有關。《宋史紀事本末》卷四十五，洛蜀黨議說：

頤在經筵，多用古禮，蘇軾謂其不近人情，深疾之，每加玩侮。方司馬光之卒也，百官方有慶禮，事畢往弔，頤不可，曰：「子於是日哭則不歌。」或曰：「不言歌則不哭。」軾曰：「此枉死市叔孫通制此禮也。」二人遂成嫌隙。

前引朱子言「必被他無禮」正用此事透露其不快的心態。其次則與南渡以降蘇文大盛有關，陸游《老學庵筆記》卷八云：

建炎以來尚蘇氏文章，學者翕然從之，而蜀士尤盛。亦有語曰：「蘇文熟，喫羊肉；蘇文生，喫菜羹。」

而到孝宗朝，尤嗜蘇文，御製序贊，太學翕然誦讀。雖然孝宗也重程學，但程學之勢不能不爲所掩。由此看來，朱子力詆蘇文，豈無意氣之嫌⑲？

五、結語

綜合以上探討，毫無疑問的，朱子的文論基本上仍是一種純粹道學化的文論。但可貴的是，他能憑藉自身在道學、文學兩方面俱稱深厚的學養，把道學、文學二者微妙地融合，建構了一個極具體系，兼顧文學深層美的最雍容和平的道學派文論，讓我們無論在本質論、表現論、工夫論、風格論、批評論等各方面都看到精彩的見解。然而可憾的是，正以其強烈堅定的道學立場，終使他在從事實際批評或觀察文章世變，乃至作家個別進境等方面，產生嚴重偏誤，增加了他理論體系中的矛盾與非理性；甚至於也妨礙到他在許多獨到評論以及文章深層的美學境界上做更細密的闡發。吾人討論朱子之文論，以這種態度面對，大概比較持平，也比較容易得其實。其次，朱子雖主張「道文合一」，但在道學立場上，既視韓、歐等為「文士」，否認其知「道」、行「道」，又無法在歷史人物中標舉具體「道文合一」的典型，結果還是迫使後人或重入偏狹，扭曲文之所以為文；或終不得不將「道」、「文」分開。真德秀編《文章正宗》，全以「窮理致用」為準，不取宋文，即是前者的代表，而實已不合朱子真意；桐城派以道歸程、朱，文歸韓、歐，即是後者之代表，卻又顯承朱子而折中之。由是看來，朱子「道文合一」的觀念，大概終究只是一個理想的「理論」世界而已。

【附　註】

註① 邵雍雖主張文學當「以家觀家，以國觀國，以天下觀天下」，但仍包容文學吟詠情性的性質以及鍊辭鍊意的工夫；周敦頤已視文辭爲藝能，但並不否定藝能的價值，所謂「文以載道」，固視文爲載道之工具，但肯定以修飾的文辭載道，使人愛而傳之，更有助於道的發揚。換言之，邵、周二人雖重道輕文，卻不否定文。但到司馬光，終有劇烈轉變——全視文學爲藝能，甚且視文有害於道；再至二程，乃認爲作文玩物喪志，對文學的存在與價值作全面的否定。詳參拙作：〈司馬光的文學觀及其相關問題〉，收入《唐宋古文新探》（臺北，大安出版社，一九九〇年五月）。

註② 《朱文公文集》（以下簡稱《文集》），卷三〇。

註③ 《文集》，卷七四。

註④ 在此，應予稍加補充、辨明的是：就朱子問道爲學工夫的「完整性」而言，自是包含德性修養在內的，故文章工夫之精讀、熟讀亦自須能「理會道理」，見諸行事。《語類》卷一三九云：「要做好文字，須是理會道理。」「義理既明，又能力行不倦，則其存諸中者，必也光明四達，何施不可？發而爲之，以宣其心志，當自發越不凡，可愛可傳矣。」這些都更清楚地顯示了朱子道學爲本，道文一貫的看法。

註⑤ 此用伊川語。見《二程全書》（臺北，里仁書局），《遺書》，卷第一八。

註⑥ 語見《周濂溪集》卷六，《通書》二，文辭第二八。

註⑦ 成復旺亦持此說。見其《中國文學理論史》（北京出版社，一九八七年）第四編第三章第一節。案，成氏是我所見將朱子文學理論之細密圓融，看得最清楚，談得最具體的人。本文基本看法與成氏相近，但不全同；而本文所討論的內涵與角度也與成氏有出入，本文尤非檢討成文而作。爲免細碎枝蔓，文內無論與成氏觀點同異，均不一一辨證。

註⑧　李漢〈昌黎先生集序〉云「文者貫道之器也」，朱子駁此語，括韓而言之。

註⑨　蘇軾〈祭歐陽文忠公文〉（潁州作）引歐陽修語：「我所謂文，必與道俱。」朱子駁此語，括歐、蘇二人言之。

註⑩　歐陽論文反繁瑣、反怪奇、重簡易自然——請參拙作：〈歐陽修古文理論的核心——試論「簡而有法」〉，收入前揭書《唐宋古文新探》；而宋代文風相較六朝之華麗精工與唐朝之浪漫醇美，具有格外質樸平淡冷靜之趣，則爲學者所共認之事實。

註⑪　《文集》，卷六四。

註⑫　《語類》，卷一三九有云：「陳后山之文有法度，如〈黃樓銘〉，當時諸公都斂衽。」「陳后山文如〈仁宗飛白書記〉大段好，曲折亦好，墓誌亦好，有典有則，方是文章。」都強調陳師道文字有法度，《語類》同卷中，甚至有一條記曾鞏如何精化、簡化陳氏之文，而認爲陳師道從此之後，懂得爲文法度，所以文字簡潔。

註⑬　請參註⑩拙文。

註⑭　《朱子新學案》（臺北，三民書局），册五，頁一七八。

註⑮　俱見《語類》，卷一三九。朱子還特舉歐陽與東坡爲例：「歐陽公作古文，力變舊習。老來照管不到，爲某詩序，又四六對偶，依舊是五代文習。東坡晚年文雖健不衰，然亦疏魯，如〈南安軍學記〉，海外歸作，而有『弟子揚觶序點者三』之語，『序點』是人姓名，其疏如此！」

註⑯　見《語類》，卷一三九。

註⑰　《文集》，卷七〇。

註⑱　《語類》卷一三九有相同記載：「東坡歐陽公文集敘只恁地文章盡好。但要說道理，便看不得，首尾皆不相應。起頭什麼樣大，末後卻說詩賦似李白，記事似司馬相如。」

註⑲　南宋人固已認爲朱子詆蘇軾存有私心與意氣，參見羅大經《鶴林玉露》卷九，有關朱子二十八字彈文之記載；以及葉紹翁《四朝聞見錄》乙集洛學條，朱子彈劾唐寺之記載。

（收入《國際朱子學會議論文集》，臺北，中央研究院中國文哲研究所籌備處，一九九三年五月）

從韓歐古文心法①的角度論元好問的碑誌文

一、前言

元好問雖稱有金一代文學巨擘，但歷來對他的討論多側重在詩或詩論方面，對於他的古文則較少注意——就了解一個文學家的全貌而言，這當然是一項值得補充的工作。本文僅先就他的碑誌文加以論述，理由如下：

㈠元好問的碑誌文，數量近百篇，是他古文中最重要的部分。

㈡碑誌文的體製、內容都較特殊，也較固定，容易凸顯元好問此類文字的特色。

至於本文所採取的角度，則基於自韓愈改革文體以來，經歐陽修繼承，唐宋古文家作碑誌文乃隱然有一脈心法存在，取與好問作品比較，較可清晰看出好問碑誌文與前人之異同，並了解其用心所在。

二、韓、歐碑誌文心法略述

韓愈作碑誌文，頗有復古創新之處，影響後世深遠，其中最了解韓文作法與用心而能發揚光大者，非歐陽修莫屬。考韓愈碑誌文，於「題稱」方面突破傳統榘矱者，在以「字」稱同道知友，如：〈柳子厚墓誌銘〉、〈南陽樊紹述墓誌銘〉、〈李元賓墓誌銘〉等都是顯例。唯在此一特殊標準之外，題稱之中又可別寓深意——即以柳、樊二誌爲例，柳宗元、樊宗師都不以卑職終，其題稱不以官、字並舉，恐怕是韓愈以知友身分明白柳州刺史一職，從客觀角度看，雖非卑官，但以主觀角度，此種經歷對柳宗元而言，實屬畢身遺憾，又不足以顯示他的才德，所以韓誌此題絕不稱官，以慰知友。同理，樊宗師性格豁達，視世俗富貴屑屑，而綿、絳刺史於宗師都屬出官，也並不足以美之。黃宗羲說：「友人則稱字②。」王行說：「題不書官，其字重於官也③。」王應奎說：「以見其人不必以爵位爲重，是亦所以貴之也④。」我們綜合三種見解並觀，不難了解韓文的寓意。

而歐陽修的碑誌文在「題稱」方面，基本上全然宗法韓愈，故誌至友墓，多稱其字，如：〈尹師魯墓誌銘〉、〈張子野墓誌銘〉、〈黃夢升墓誌銘〉、〈石曼卿墓表〉等是。至於例外者，如〈河南府司錄張君墓表〉、〈湖州長史蘇君墓誌銘〉等，當另有用意。以前者言，張堯夫是歐陽至友，題不稱字而稱官者，殆因堯夫早死，未達功名，但官司錄卻使河南人多賴之（此據歐陽所述），是堯夫一生治績最可稱者在此，則雖卑官而稱之，正用以表彰堯夫的功德；再者，堯夫乃歐陽初官西京留守推官時的同僚，題稱「河南府司錄」或正以記少年情，而寓懷舊之思。以後者言，我們看歐陽此誌有云：「以君文正公之所薦而宰相杜公婿也，乃以事中君，坐監進奏院祠神，奏用市故紙錢會客爲自盜，除名。君名重天下，所會客，皆一時賢俊，悉坐貶逐，然後中君者曰：『吾一舉網盡之矣。』……居數年，復得湖州長史。自君卒後，天子感悟，凡所被逐之臣，復召用，皆顯列於朝，而至今無復爲君言者，宜其欲求伸於地下也，宜予述其得罪以死之詳，而使後世知其有以也。」可知題稱小官乃欲以伸蘇舜欽之冤⑤。

我們綜合韓、歐諸文觀之，不難了解，在「題稱」方面，知友稱字，已成基本原則，是爲定「例」，而其中仍因墓主背景之不同而可酌變，以寄深意——這就是唐宋古文家間衣缽相承的一種心法。

其次在「序」（即「題」後「銘」前的文字）方面，韓文作法頗重下列各端：㈠記大節，㈡發議論，㈢設對話，㈣託感慨，㈤用互見，㈥文稱其人，㈦直書其事，㈧不虛美、不隱惡。所謂記大節，即舉大略小、事不毛舉，而益能凸顯人物之特質（如〈殿中侍御史李君墓誌銘〉敘李君行事，特舉仁其親族與信好道士二大端言之）；至於發議論（如〈柳子厚墓誌銘〉自「子厚前時少年」以下一段，實波瀾洶湧之子厚人格論、際遇論、價值論、意志論）、設對話（如〈大理評事王君墓誌銘〉大量用對話，使人物神情畢現，直若唐人傳奇）、託感慨（如〈殿中少監馬君墓誌銘〉深寄無常之感），則爲韓愈創格，爲傳統碑誌所無；用互見則可省重複，所謂已見於他文則略於此，屬文尚簡要之法（如〈太原王公神道碑銘〉及〈墓誌銘〉，前者以政績爲主，後者則歷官、治行、文學、世系皆述，卻全不相重）；至於文稱其人，係文字風格能與碑主特質相稱（如〈樊宗師墓誌銘〉文字特怪怪奇奇，正符樊文風格）；直書其事，則意在言外，不言可知（如〈河南少尹李公墓誌銘〉有云：「公主奪驛田，京兆尹符縣劃界之，公不與，改度支郎中。」其人之剛直耿介，不言可知）；而不虛美、不隱惡，則打破傳統碑誌文「稱美不稱惡」⑥之窠臼，賦予碑誌文新的生命（如〈唐故監察御史衛府君墓誌銘〉先言衛氏世習儒學詞章，而繼述煉藥爲黃金，冀以服食不死，前後對照，諷刺之意自見）。

歐陽修碑誌文的「序」，其作法也同於韓愈，如：〈尹師魯墓誌銘〉僅舉上書請與范仲淹同貶及死時與賓客言終不及私兩件事以寫尹洙篤於仁義，窮達禍福不愧古人——此記大節之法；〈薛質夫墓誌銘〉自「質夫少多病」以下可謂一篇「不孝有三無後爲大論」；〈黃夢升墓誌銘〉大量描摹夢升言語，乃使夢升懷才不遇的形象呼之欲出；〈張子野墓誌銘〉則以感慨成文，淋漓鬱勃，動人至深——凡此種種都是發議論、設對話、託感慨也；而〈資政殿學士戶部侍郎文正范公神道碑銘〉僅記繫天下國家之大者，至於世次官爵等，因已誌於墓、譜於家、藏於有司，所以都不論著——這是用互見；〈尹師魯墓銘銘〉歐陽自己說「用意特深而語簡，蓋爲師魯文簡而意深」；⑦而〈石曼卿墓表〉句法長短、氣韻鬆緊之變化最多，正欲以奇氣之文狀奇士也——都是文稱其人（前者如其風格，後者如其人格）；〈蔡君山墓誌銘〉記君山以疾卒於縣，縣人哀其貧，以錢二百千賻之，其妻程氏以爲不可以此污君山之廉固拒之，則君山有德能惠其縣人、化其妻子不言可知——這是直書其事；歐陽作古文頗得於師魯之指點，二人又爲至交，但作〈尹師魯墓誌銘〉仍不言作古文自師魯始，蓋師魯之前，有穆修、鄭條輩及有宋先達甚多，若斷自師魯始，則不免虛美；⑧〈資政殿學士戶部侍郎文正范公神道碑銘〉有云：「及呂公（夷簡）復相，（范）公亦再被起用。於是二公驩然相約，戮力平賊。天下之士皆以此多二公，然朋黨之論遂起而不能止。」對呂夷簡、范仲淹的解仇都有美意，但對朋黨之起二人都要負責也不諱言，我們如果了解歐陽與范的關係，看到他如此寫范碑就更能體會他確實謹守不虛美、不隱惡的原則。⑨綜上所述，韓、歐二人在碑誌文中「序」的作法上的確一脈相承，都有義法。

最後就「銘」來看。韓文最大變革乃在突破漢代以降多用整齊頌讚韻語的套式，而改以參差感嘆語，於是大幅降低了空泛、虛美的弊病，例如〈河南少尹李公墓誌銘〉，「銘曰：高其上而坎其中，以爲公之宮，奈何乎公。」就是好例；而〈柳子厚墓誌銘〉甚且全不用韻，「銘曰：是唯子厚之室，既固既安，以利其嗣人。」相對於子厚一生的轉徙流離，這樣的銘文實有至痛切之意在。其次，韓文的「銘」與「序」更用互見法，絕不相重，例如〈施先生墓銘〉，「序」中全力讚美施先生的治經與授業，而先世與葬地則於「銘」中補入；〈劉統軍碑〉甚且「序」短「銘」長，所謂「十三事」⑩者，悉於銘中敘述。

歐文之「銘」也多參差感嘆語。〈張子野墓誌銘〉，「銘曰：嗟夫子野！質厚材良，孰屯其亨？孰短其長？豈其中有不自得而外物有以戕？開封之原，新里之鄉，三世於此，其歸其藏。」

〈黃夢升墓誌銘〉，「銘曰：予嘗讀夢升之文，至於哭其兄子庠之詞曰：『子之文章，電激雷震，雨雹忽止，闃然滅泯。』未嘗不諷誦嘆息而不已。嗟夫！夢升曾不及庠，不震不驚，鬱塞埋藏，孰與其有，不使其施。吾不知所歸咎，徒爲夢升而悲。」都是好例；而〈尹師魯墓誌銘〉亦不用韻，特寄深意，全同韓愈〈柳子厚墓誌銘〉例，「銘曰：藏之深，固之密，石可朽，銘不滅。」歐陽自己說：「意謂舉世無可告語，但深藏牢埋此銘，使其不朽，則後世必有知師魯者，其語愈緩，其意愈切，詩人之義也。」⑪至於銘序互補絕不相重，歐文也仍能繼踵韓文，除前舉諸例可見銘文以參差感嘆語代替整齊頌讚語，且不與「序」所述重複者外，〈翰林侍讀侍講學士王公墓誌銘〉，「序」文詳記王洙生平事迹，而「銘」則考其先世，尤稱顯例。但歐文有時仍然不能避免相重，如〈檢校司農少卿致仕張公墓誌銘〉，「銘曰：張世鄆居舉明經，朴儉勤孝家所承。公壯而仕老康寧，八十其壽位則卿。始終以全家爲榮，去鄆而汝從新塋，後之世者考此銘。」便與序文無異。可見於銘序互補一點而言，韓之謹嚴，歐陽已有所出入矣。

三、元好問碑誌文作法

㈠

好問碑誌文在「題」方面，對知友也以「字」相稱，例如〈史邦直墓表〉、〈劉景玄墓銘〉等都是。前者云：「邦直，予同年進士，又交分殊款。」後者云：「太夫人謂好問言：『……子與之游，最爲知己。』」可見仍承韓、歐之例。不過好問有省略姓氏逕題「字」者，如〈平叔墓銘〉、〈希顏墓銘〉，此爲韓、歐所無，好問如此稱呼似乎更富有感情。⑫

好問另有突破韓、歐題稱例者，即以「號」相稱，〈王黃華墓碑〉、〈閑閑公墓銘〉、〈寄庵先生碑〉等都是例子。王黃華即王庭筠，官翰林修撰，此題不稱官而稱其號，蓋以明其人之志行，觀碑文可知：「公蚤有重名，天下士夫想聞風采。……乃今……隨俗俯仰，殊不自聊。……乃置家相下，買田隆慮，借二寺爲栖息之地，時往嘯咏，若將終身焉。……以『黃華山主』自號，茲山因之傑出太行之上，人境俱勝，於公見之。」而閑閑公即趙秉文，秉文一代大臣，也是一代文宗，好問爲其門生，不稱官而稱其號，實同王黃華例。我們看秉文〈閑閑堂詩〉⑬：「天運如轉轂，日月如循環。人生天地內，頃刻安得閒？所貴心無事，心安身自安。低頭拾紅葉，仰面看青山。朝聽新泉響，暮送飛鳥還。清晨了人事，過午掩柴關。高非出天外，低不墮塵寰。花落鳥聲寂，我處動靜間。」可知秉文雖爲朝廷重臣，但人格高潔飄逸。至於寄庵先生，乃李平。至寧元年（一二一三）八月，胡沙虎弒金衛紹王，李平即日以疾告，逕歸陽翟，築屋潁水之上，名之曰「寄庵」，因以爲號。然則好問題稱其號，也應當是爲了表彰李平的忠貞心志。

再就「序」而言，好問也都承法韓、歐之例。〈平章政事壽國張文貞公神道碑〉敘張萬公之仕宦，特舉立后、括田二事詳記，好問自己說：「故嘗論公平生所言者不勝載，而繫於廢興存亡者有二事焉：一立后，二括田。」這是記大節之法；此外如〈御史張君墓表〉云：「其他尚多可稱，弗著，著不爲窮達易節者。」〈恒州刺史馬君神道碑〉云：「君尚多可稱，弗著，著所以與享於褒忠者。」也都是同例。〈忠武任君墓碣銘〉爰綴數語略敘任德懋生平、靈應之後，即因任氏祖有遭朋黨之禍而遇極刑者，發出洋洋一篇〈朋黨論〉：

嗚呼！朋黨之禍，何其易起而屢作也？宣政之季，蔡京呂惠卿輩至指司馬丞相爲元祐姦黨魁，列其姓名，著之金石，自謂彰善癉惡，可謂萬世臣子不忠不孝者之戒。碑石甫立，隨爲雷火所擊，惠卿等懼大禍將及，乃赦黨人，死者復官，流徙者復還。自今觀之，元祐黨禁，不過追削竄逐，禁其子弟不得至京師而已，曾不若皇統之禍之慘也。今嘗深求讒夫之心，而後知讒之所以爲病者，蓋心魄既喪，猝爲讒疾所乘，嘗糞爲甘，嗅足爲香，口鼻耳目皆失其所守而不自知，讒疾不已，矯亢忌嫉，合而爲聖，癲始於天地一我，卒之古今一我，敢爲大言，居之不疑，造大謗，起大獄，視正人端士若有血讎骨怨，期必報而後已，苟可以售其術，雖殺身滅親亡人之國有不恤焉者。余觀於成敗之變多矣，自有天地以來，未有食人而不爲人所食者，凡爲讒夫者，其才智類出於人遠甚，寧不知事有必至，理有固然，乃今至於殺身滅親亡人之國而莫之恤焉者，獨何歟！殆受病既深，至於中風狂走，雖和扁操萬金良劑，亦無如之何耳。古語有之：憂心悄悄，慍於群小。又曰：朕堲讒說，殄行震驚朕師。又曰：惡利口之覆邦家者。蓋聖人之所惡，又其所甚畏者也。人無所不至，惟天不容僞，姦人敗類，交亂四國，作於其心，害於其事，不有人禍，必有天刑，生爲天下所咀嚼，死爲海内所痛快，唯遺臭無窮，是所得耳。蔡呂諸人，欲以黨議誣天下士，而天下反以不預溫公黨爲恥，又欲以黨禍絕士大夫之世，而後之名卿才大夫賢宰相皆出於黨人之門，然則爲朋黨之論者，其亦未之思歟！

考趙秉文曾因獎重好問，被宰相師仲安等目爲元氏黨人⑭，好問也因之憤而「不就選」，則好問此論除針對政爭而發，殆亦有自身之感。〈蘧然子墓碣銘〉詳記二人相見恨晚之情，繼云：

天下愛子者三人：李汾長源、辛愿敬之、李獻甫欽用，是三人者，皆有天下重名。然長源瘐死西山獄中；敬之則被掠而北，爲非類所困，折死於山陽；欽用從死淮西，時年未四十也。予常以三人者之後，當無有收眾人之所棄，曲相獎借如渠輩者，晚節末路乃復有一蘧然子！思欲與之隣屋相往來，杯酒相樂，就渠所談如東京故事者，悉記錄之。曾不五六年，而又若有物奪之而去者，豈予賦分單薄，善於招殃致凶，所與遊者，皆爲所延及耶？不然何奪吾蘧然子之遽也！

可謂至爲沉痛。凡此，都是發議論、託感慨之好例。其實好問碑誌幾乎無篇無論，而寄感慨者也時時可見，〈希顏墓銘〉、〈聶元吉墓誌銘〉等都是好例。

此外，好問碑誌之「序」也多設對話，其中〈贈鎭南軍節度使良佐碑〉、〈內翰王公墓表〉、〈國子祭酒權刑部尚書內翰馮君神道碑〉等篇之對話均能生動摹狀人物之意氣神氣，姑舉末篇爲例：

（馮延登）以往（哀宗正大）八年春奉國書見於虢縣之御營，有旨問：「汝識鳳翔帥否？」對曰：「識之。」又問：「何若人？」曰：「能辦事者也。」又問：「汝能招之使降，即貰汝死；不則殺汝矣。」曰：「臣奉書請和，招降豈使者事乎？招降亦死，還朝亦死，不若今日即死之爲愈也。」明日復問：「昨所問汝曾思之否？」對如前。問至再三，君執義不回。又明日，乃諭旨云：「汝罪應死，但古無殺使者理耳。」

至於用互見，則〈故河南路課稅所長官兼廉訪使楊公神道之碑〉有云：「譜系之詳，見君自敘，載之先大夫墓銘，茲得而略之。」故碑文以述其文學爲主；〈千戶趙侯神道碑銘〉對於趙侯之父歿於王事也說：「事見先塋碑，此不具載。」而有關胡沙虎事，則〈朝列大夫同知河間府事張公墓表〉與〈寄庵先生墓碑〉二文可以互補。不過，好問有時不能堅守此例，〈東平行臺嚴公神道碑〉與〈東平行臺公祠堂碑銘〉，都是爲嚴武叔作，而二篇所述無論事迹或論評卻都大致相同，只是前者詳細，後者較略而已——這一點也許跟他「存史」之心（詳下文）太切有關。

「直書其事」、「不虛美、不隱惡」等韓、歐心法，好問依然依循。〈王黃華墓碑〉說：「從之游者，如：韓溫甫、路元亨、張晉卿、李公度，所引見者，如：閑閑趙公、內翰馮公、屏山李公，皆爲文章鉅子；下者猶不失名士。」則王庭筠志節之高、聲望之重不言可知；〈朝列大夫同知河間府事張公墓表〉記張公著「拜監察御史。元妃兄黃門喜兒嘗以水田事私請於公，公以正義責之，喜兒惶懼而退。虎賊尹大興，固寵負恃，恣爲不法，朝臣無敢言者，公倡諸御史發其姦，章十餘上。章宗言：『胡沙虎定何罪？但跋扈耳！卿等不相容乃如此耶？』公同中丞孟鑄言：『聖明之朝，豈容有跋扈將軍乎？』上爲之動容。張仲淹以趍附宰相起家，不十年，至大興尹。公薄其爲人，衆辱之。明日而仲淹死。時人以爲慚憤致卒云。扈從秋山，車駕所經，居民爲近侍所擾，無所於訴。公屏騎從，著大席帽，行圍中杖大奴十數人，權貴爲之歛手。」則張公著之剛毅正直、無畏權勢力又不言可知。〈平叔墓銘〉係爲友人商衡作。商衡有大材，而朝廷亦將大用之，但商衡輕死，卒無大用。文內略述政績、學養、人格，並無特別頌贊之處，最後說：「平居以大事自任，而人以大任期之。至今評者，以公用違其長，使之卒然就一死，爲世所惜也。」可見即使對知友也不輕作泛美之辭；其餘如：〈奉國上將軍武廟署令耶律公墓誌銘〉全篇略記仕宦，又多虛筆，最後說：「子男一人，曰鏞。……鏞弱冠而有老成之風，以嘗從予學，來請銘，故略爲次第之。」純粹應請之作，絕不故作美辭；〈歸德府總管范陽張公先德碑〉本應張漢臣之請彰顯先德而作，但文內僅說「自公曾大父甲而下，皆隱德不耀」，然後略述祖父母、父母，寥寥數語，全篇重點反在張漢臣本身事功，碑文最後說：「故予既論次先德，並以公出處附之，欲人知張氏所以起其宗者蓋如此」好問對缺乏了解，沒有具體事實的對象，誠然謹守不虛美的原則。

至於韓、歐「文稱其人」之法，以筆者目前所知，尚未見也。然而此種作法，本來就比較隱微曲折，倘若不是對象本身具有強烈特質，並與撰者本身有特殊密切關係，大概也不易於使用，所以韓作樊紹述墓誌用之，歐作尹師魯墓誌、石曼卿墓表用之，蓋彼此既爲知交，紹述之文又有怪怪奇奇之風、師魯作文又有「簡而有法」理念、曼卿其人又有嶔崎磊落之風，故能如此。何況，如果我們對墓主本身又缺乏了解，當然就更不易掌握是否「文稱其人」。好問碑誌之「序」於此韓、歐心法究竟有無體會？有無實踐？尚待進一步探究。

最後就「銘」來看。好問銘文亦能大量以參差感嘆語代替整齊頌贊語，如〈張君墓誌銘〉說：「……其源濫觴，其流江河。淵兮其未涯，不有以浚之，其末奈何。然則古所謂不於其躬，必於其子孫者，尙信然耶？尙信然耶？」〈孫伯英墓銘〉說「……千百載而下，或者擿蓬而問者，又焉知其輕世肆志，自放於方之外，以耗壯心而老歲月歟？」都是好例——此全同韓、歐。然而就「銘」「序」不相重及內容可互補二點來看，好問之銘雖多有不相重之作，但也多有相重者，〈順天萬戶張公勳德第二碑〉之「銘」不過以整齊韻語大致重述「序」內所記而已；〈孝女阿孝墓銘〉也是如此。這點去韓遠，而與歐爲近；至於銘序內容互補，則似乎完全沒有例證——是去韓、歐都遠。考其原因，大概還是和「存史」之心太切有關——換言之，「序」文能詳儘量詳，而無暇顧與「銘」「互見」也。

(二)

前文所述，基本上從好問與韓、歐相同的角度去看，但也已經發現有突破韓、歐者處（如「題」稱用「號」）；有去韓、歐甚遠者處（如：銘序互補）；有去韓遠，而近於歐者處（如：銘序相重）。前者其實可謂善用韓、歐心法；次者可能與好問「存史」的特殊懷抱有關；而末者則可能意味好問直承歐陽者多、間承韓愈者少。好問碑誌文究竟還有何特殊之處？而其意義又如何？茲再試作探討。

覽讀好問的碑誌文，其實讓我們印象最深刻的是其篇幅之長、記事之詳。〈平章政事壽國張文貞公神道碑〉（張萬公）、〈閑閑公墓銘〉（趙秉文）、〈內相文獻楊公神道碑銘〉（楊雲翼）、〈內翰馮公神道碑銘〉（馮璧）、〈資善大夫吏部尚書張公神道碑銘〉（張公理）、〈順天萬戶張公勳德第二碑〉（張柔）等，少者三千，多者五千餘字，殆其中顯例而已。這些人物，或屬於金朝「仕五朝、官六卿」[15]的重臣；或屬於歷史轉折期中最早依附蒙古國而於蒙古國之創建有功的軍民萬戶。對於朝代之更替或歷史之發展而言，都是深具代表性的轉型期人物。元好問將其事蹟詳載，必有「存史」之意。郝經〈遺山先生墓〉銘[16]：「每以著作自任，以金源氏有天下，典章法度幾及漢唐，國亡史興，己所當爲。」事實上，他作《壬辰雜編》、《金源君臣言行錄》（二者俱散佚）、《中州集》等，即爲存史，我們看〈南冠錄引〉所說：

> 京城之圍，予爲東曹都事，知舟都將有東狩之役，言於諸相，請小字書國史一本，隨車駕所在以一馬負之。時相雖以爲然，而不及行也。崔子之變，歷朝實錄皆滿城帥所取。百年以來，明君賢相，可傳後世之事甚多，不三二十年，則世人不復知之矣！予所不知者亡可奈何；其所知者，忍棄之而不記耶？

明白顯示好問這種強烈的態度。碑誌文雖非史傳，而自韓愈以來尤多取法史傳[17]，已具史傳之用，

《金史・文藝傳》說：「兵後，故老皆盡，好問蔚爲一代宗工，四方碑板銘志，盡趨其門。」則好問藉碑誌以存史，實自然而必然之事，〈故金漆水郡侯耶律公墓誌銘〉⑱便說：

嗚呼！世無史氏久矣！遼人主盟將二百年，至如南衙不主兵，北司不理民，縣長官專用文吏，其間可記之事多矣。泰和中詔修遼史，書成，尋有南遷之變，簡冊散失，世不復見。今人語遼事，至不知起滅凡幾，至下者不論也。《通鑑長編》所附見及《亡遼錄》、《北顧備問》等書，多敵國誹謗之辭，可盡信耶？正大初，予爲史院編修官，當時九朝實錄已具，正書藏秘閣，副在史院，壬辰喋血之後，又復與遼書等矣，可不惜哉！或二三年以來，死而可書，如承旨子正、中郎將良佐、御史仲寧、尚書仲平、……節婦：參知政事伯陽之夫人、長樂妻明秀；孝女舜英，予皆爲志其墓。夫文章天地之元氣，無終絕之理，他日有以史學自任者，出諸公之事，未必不自予發之，故不敢以文不足起其事爲之辭。嗚呼，可惜哉！

證明他作碑板銘志，「存史」之意乃其中一大關懷；〈嘉議大夫陝西東路轉運使剛敏王公神道碑銘〉說：「今史冊散逸，既無以傳信，名卿鉅公立功立事之迹不隨世磨滅者，繄金石是賴，誠得屬辭比事，以相茲役，雖文字暗陋，其敢不勉！」〈資善大夫吏部尚書張公神道碑銘〉說：「史筆散亡，故老垂盡，不著之金石以示永久，後世徵廢興、論成敗，殆將有秦無人之嘆，竊爲宗國羞之，是以慨然論次之而不敢辭。」也都提供了相同的證明。

也許正是存史之心甚切，所以好問碑誌文附傳他人的例子也時時可見，如：〈宣武將軍孫君墓碑〉附載孫慶友人劉德潤、閻載之；〈奉直趙君墓碣銘〉附載汴人之賢者四：王磵、王世賞、游總、高仲震等都是；而〈希顏墓銘〉尤其詳著高廷玉、李之純的事迹，似乎一篇希顏墓銘是同時給三人立傳。在這裡，李之純是個特別值得玩味的例子，元好問除了在〈希顏墓銘〉裡記載他的言談、志意以外，在〈劉景玄墓銘〉裡又說他的「玄談」與王湯臣之「論人物」號稱獨步；在〈內翰王公墓表〉又說他「杯酒淋漓，談辭峰起」「以辯博名天下」，但王若虛卻往往能以「三數語窒之」。這種寫法同於韓、歐的互見，不過如果我們知道李之純係當時名士，而好問卻沒有機會爲他寫墓誌，那麼就可能體會到好問所以在各篇相關的碑誌文中提到他，絕對有傳人存史的目的——這種心意，應是遠過於「互見」的省文的⑲。明乎此，前文說他「序」有違「互見」例以及「銘」與「序」時多相重，又不互補，都是「存史」之心太切之故，便是可以成立的。

好問碑誌文其次引起我們注意的是，他有許多作品的結構佈置是：先作一段人物評論，再轉入人物的名諱、籍里、世系、經歷等的敘述，最後在述及人物死亡之後，全篇本可結束，卻又再度轉述人物的種種特質。第一部分頌美成分居多，但並非虛美，常可做一篇議論看，其中時時夾敘相關人物，用以比較；第二部分是屬於碑誌文傳統「十三事」的標準寫法；第三部分則往往有許多感慨議論，史贊的色彩格外濃厚。姑舉〈平章政事壽國張文貞公神道碑〉、〈閑閑公墓銘〉爲例，前者首云：

> 蓋金朝官制，大臣有上下四府之目，自尚書令而下，左右丞相平章政事，二人爲宰相；尚書左右丞參知政事，二人爲執政官。凡在此位者，內屬外戚與國人有戰伐之功預腹心之謀者爲多，潢霫之人以門閥見推者次之，參用進士則又次之。其所謂進士者，特以示公道，繫人望焉爾。軒輊之權既分，疏密之情亦異。孤立之迹，處乎危疑之間；難入之言，奪於衆多之口。以常情度之，謂必以苟容爲得計、循默爲知體矣。然而持區區之忠，以盡心於所事，如石右丞琚、董右丞師中、胥莘公鼎之流，慨然以名臣自任者，亦時有之。惟公歷仕四朝，再秉鈞軸，不難於佗人之所難，不徇於世俗之所徇。忠信篤實，足以自結人主；名德雅望，足以師表百僚；敦龐耆艾，足以鎮國家而撫百姓。故百年以來談良相者，莫不以公爲稱首。夫善化一鄉，智効一官，人且喜聞而樂道之，不欲使之隨世磨滅。有如我公，乃不得以著金石、傳永久，秉筆之士，將不有以任其責者乎？

意在頌美，但亦從而論當代官制與官僚風氣。末云：

> 故嘗論公平生所言者不勝載，而繫於廢興存亡者有二事焉：一立后，二括田。立后難於從，而章宗從之；括田不難於從，而竟不聽。其後武夫悍卒，倚國威以爲重，山東河朔上腴之田，民有耕之數世者，亦以冒占奪之。兵日益驕，民日益困，養成癰疽，計日而潰。貞祐之亂，盜賊滿野。向之倚國威以爲重者，人視之以爲血讎骨怨，必報而後已。一顧盼之頃，皆狼狽於鋒鏑之下，雖赤子不能免。蓋立后之事，在廷之臣皆以爲不可，獨上以爲可，故

公之言易爲力；括田之事，上下皆以爲可，而公獨以爲不可，故難爲功。以一言之不相入，其禍果有不可勝言者，是不獨在公爲遺恨，異世相望，亦當有太息而流涕者。嗚呼，豈非天耶！

天下興亡往往在君主一念之間，好問此種感慨議論，確有史家論贊之意。

至若後者，首云：

唐文三變，至五季衰陋極矣。由五季而爲遼宋，由遼宋而爲國朝，文之廢興可考也。宋有古文，有詞賦，有明經。柳穆歐蘇諸人斬伐俗學，力百而功倍，起天聖，迄元祐，而後唐文振然。似是而非，空虛而無用者，又復見於宣政之季矣。遼則以科舉爲儒學之極致，假貸剽竊，牽合補綴，視五季又下衰，唐文奄奄如敗北之氣，沒世不復，亦無以議爲也。國初因遼宋之舊，以詞賦經義取士，預此選者，選曹以爲貴科，榮路所在，人爭走之。傳注則金陵之餘波，聲律則劉鄭之末光，固已占高爰而鈞厚祿。至於經爲通儒，文爲名家，良未暇也。及翰林蔡公正甫，出於大學大丞相之世業，接見宇文濟陽吳深州之風流，唐宋文派乃得正傳，然後諸儒得而和之。蓋自宋以後百年，遼以來三百年，若黨承旨世傑、王內翰子端、周三司德卿、楊禮部之美、王延州從之、李右司之純、雷御史希顏，不可不謂之豪傑之士。若夫不溺於時俗，不汩於利祿，慨然以道德仁義性命禍福之學自任，沉潛乎六經，從容乎百家，幼而壯壯而老怡然渙然之死而後已者，惟我閑閑公一人。

末云：

> 道之傳可一人而足，所以弘之則非一人之功也。唐昌黎公，宋歐陽公身爲大儒，繫道之廢興，亦有皇甫張曾蘇諸人輔翼之，而後挾小辨者無異談。公至誠樂易，與人交，不立崖岸，主盟吾道將四十年，未嘗以大名自居。仕五朝，官六卿，自奉如寒士，而不知富貴爲何物。生河朔鞍馬間，不本於教育，不階於講習，紹聖學之絕業，行世俗所背馳之域，乃無一人推尊之，此文章字畫在公爲餘事，自以徒費日力者，人知貴之，而不知貴其道歟！桓譚有言，凡人賤近貴遠。親見揚子雲，故輕其書。若使更閱賢善，爲所稱道，其傳世無疑。譚之言，今信矣。然則若公者，其亦有所待乎！

也屬相同格調。

好問的這種作法，和韓、歐相比是頗異其趣的。韓歐基本上在敘事中發議論、寄感慨，而且沒有這種結尾又翻出一層論贊的作法，倒是蘇軾碑誌文有這種體製：〈司馬溫公神道碑〉、〈范景仁墓誌銘〉、〈趙康靖公神道碑〉、〈張文定公墓誌銘〉等，都是首作論評，次敘事蹟，末再有論。則好問或有法於蘇軾。不過蘇軾篇尾的議論，沒有史家論贊的意味，而且也不免與前此所述略略相重，而且不論韓、歐、蘇，都沒有像好問這樣時時夾敘人物的寫法，則好問在此仍有獨特之姿——而這一點似乎依然顯示其存史之用心。

綜理上述，好問與韓、歐不同的是，篇幅特長，雖用「記大節」等心法（見前小節），仍儘量求詳；而且結構佈置也大異其趣。造成這種差異的最大原因，我個人認爲可能還是基於好問對「存史」的關切。蘇軾碑誌文的結構佈置和好問相近，其篇幅也特長，記事也特詳，好問既然崇好蘇詩⑳，必熟蘇作，那麼作文兼受蘇的影響也應是極可能的事。

四、結語

整體而言，元好問碑誌文是多承韓、歐一脈心法的，這一點也顯示了韓、歐碑誌文對後代深遠重大的影響。不過好問在一種積極強烈的「存史」意識下，使他突破韓、歐心法，產生了特殊的結構佈置以及極爲詳細的描敘手法。事實上，有金一代之政治、制度，多可自好問碑誌文窺知，如〈平章政事壽國張文貞公神道碑〉揭章宗括田之弊又揭民族歧視政策——（前引文中，「國人」即女眞人；「潢霫」即居今內蒙古西拉木倫河一帶之少數民族，他們在仕途上都享有較多的特權㉑）；〈忠武任君墓碣銘〉揭朝廷朋黨傾軋之風；〈輔國上將軍京兆府推官康公神道碑銘〉揭任子之害㉒，好問之碑誌文實即史料，實同史傳，故《金史》《元史》《宋史》均有取材，郝樹侯、楊國勇以爲好問碑誌「以文爲史」㉓，堪稱卓見。對好問的碑誌文我們以這種態度來看，比較得其原始用心。其實看好問的其他文字可能也應參用這種態度㉔。好問既身爲遺民——這是韓、歐所無的特殊遭遇，則在「文宗韓、歐」㉕之外，別有自身桀犪與格調，也是出於勢所使然。

【附註】

註① 心法，本佛家語，此處借用。蓋唐宋古文家承法先秦、兩漢，加以自我開創，乃有其創作文章之特殊原則與方法；此種原則與方法在其彼此間，係一脈相承，心領神會，秘而不宣，故不稱「作法」，而稱「心法」。

註② 見《金石要例》稱呼例。

註③ 見《墓銘舉例》卷之一，柳子厚墓誌銘條。

註④ 見《柳南續筆》卷四。

註⑤ 此用葉國良說，見氏著〈韓愈冢墓碑誌文與前人之異同及其對後世之影響〉（收入氏著《石學蠡探》一書，臺北，大安出版社）。按，本節論點多據葉文及拙作〈韓愈古文作法探析〉〈歐陽修古文作法探析〉（收入拙著《唐宋古文新探》一書，臺北，大安出版社）而仍有補充。為免繁瑣重複，文內所述簡要，學者請並參上舉三文。

註⑥ 《禮記・祭統》云：「銘之義，稱美而不稱惡，此孝子孝孫之心也。」

註⑦ 見歐陽修〈論尹師魯墓誌〉。

註⑧ 但歐陽這標準、這種作法，頗不為當時人所了解，曾引起許多批評，以致歐陽又作〈論尹師魯墓誌〉自辯明志。詳參拙作〈歐陽修古文理論的核心——試論「簡而有法」〉，收入前揭書。

註⑨ 歐陽此文寫就，同樣引起風波，不唯范家人不滿，富弼也攻擊他，甚至到南宋還議論紛紛。請參劉子健註⑩《歐陽修的治學與從政》，下編，「范呂黨爭和解仇」一節。

王行《墓銘舉例》卷之一云：「凡墓誌銘書法有例，其大要十有三事焉，曰諱、曰字、曰姓氏、曰鄉邑、曰族出、曰行治、曰履歷、曰卒日、曰壽年、曰妻、曰子、曰葬日、曰葬地，其序如此。」

註⑪同註⑦。

註⑫在這裡，〈聶元吉墓誌銘〉是個值得注意的例外，據元好問自己說：「予與元吉同鄉里，年相若，仕相及。然元吉重遲，予資卞急；元吉耿耿自信，未嘗以言下人，予則矯枉過直，率屈己以徇物。道不同不相爲謀，故雖與之同鄉里，年相若，仕相及，而交未嘗合也。」可見聶與好問談不上什麼交情，而好問乃以「字」稱，原因究竟何在？好問又說：「予惜其有志於世，世亦望焉，而卒之無所就也，乃爲之銘以哀之。」「銘」文也說：「吾於吾元吉，誠愛其得所以死而死，然亦悲夫抱一槩之操，泯泯默默，少不能俟，天之定也。」而王應奎說：「冠而字，成人之道也，成人則貴。其所以成人，於是乎命以字之；字之爲有可貴焉。」是元好問或以尊重其節並同情其境遇的角度而稱以「字」了。

註⑬《閑閑老人滏水文集》卷四。

註⑭參見《遺山文集》卷三十八，〈趙閑閑眞贊〉。

註⑮用元好問〈閑閑公墓銘〉語。此處僅用以形容渠等爲重臣而已。

註⑯四部叢刊本《遺山先生文集》附錄。

註⑰請參前揭葉國良氏及筆者論韓、歐諸作自見。

註⑱　見《金文最》卷一〇八，輯自《元文類》。

註⑲　附傳之法，史公所創，如〈伯夷列傳〉兼述許由、卞隨、務光即是，餘例尚多。韓愈承之，如〈柳子厚墓誌銘〉附記舅弟盧遵；歐陽雖用之，但碑誌文似未見，〈眞州東園記〉附記許子春等三人是其例。元好問此種作法固非獨創，亦或非逕承史公，但韓、歐等人意在「傳人」，而好問則特重「存史」，此深微處仍不同也。

註⑳　好問雅愛蘇詩，觀集內〈東坡詩聯引〉〈東坡樂府集選引〉可知。郝經〈遺山先生墓銘〉固曰：「上薄風雅，中規李杜，粹然一出于正，直配蘇、黃。」

註㉑　此處參郝樹侯、楊國勇合著之《元好問傳》（山西人民出版社，一九九〇年二月），十五「國史自任」一節。

註㉒　文內未曾引用此文，故特於此略作摘錄：「維金朝入仕之路，在近代爲最廣，而出於任子者十之四。國初監州縣酒稅，亦以文資參之，故任子多至大官，其不達者猶得俎豆大夫士之列。大定以後，雜用遼制，罷文資之注，酒使副者，純用任子，且增內廷供奉偒直之目。凡歷監當久及課最者得他遷，謂之出職，如唐人入流之比。是後榷酤日增，風俗隨壞，六七十年間遂有賢愚罔滯之嘆。論者以爲此誠選曹泥法之弊。至於廉恥道喪，自爲商販，亦爲任子者有以來之然。」

註㉓　同註㉑。

註㉔　例如〈紫微觀記〉、〈太古觀記〉、〈清眞觀記〉便記錄了元好問對全眞教的觀察與看法，具有史料價值。

註㉕　說見《遺山先生文集》徐世隆序。

（收入《紀念元好問八百年誕辰學術研討會論文集》，臺北，行政院文化建設委員會，一九九一年十二月）

對晚明小品的幾點反思

有明一代，無論政治、經濟、社會、文學各方面所展現的面貌，與今日台灣實有頗多雷同處①。故本擬自文學角度，以晚明小品——此一最能表現明代特質之文學創作爲對象，透過對其深入之檢視，抉發其所具有的現代意義②。惟因近半年來，主、客觀條件不足，雖欲從之，力不能也。故退而求其次，暫提幾點個人所思所感，學術性與嚴肅性均嫌不足，但求日後有機會予以補正。

一、取源

有關晚明小品的取源，較合理的看法，大抵可謂遠取魏晉而近取東坡③。與前者軌轍相近者實不僅在題材（如山水、遊記），更在其意識或心態。晚明小品頗反映明代文人「退離」的處世態度④，基本上這屬於黑暗時代裡受挫的心靈表現，可謂爲一種「文人的自棄」。自棄的作品容或格局不大，然不妨其深刻，故魏晉以下至南朝劉宋，建安、正始格調固不絕如縷。反觀晚明小品，「深刻」之作實不多見，其雖取徑魏晉而終有別異，則其原因何在？便値得深思。我個人認爲這與晚明小品興起於商業化的社會很有關係。換言之，政治黑暗雖造成文人自棄，但文學的表現不必然不深刻；可是商業化卻必然使文學格調流於庸俗（案，「庸俗」不等同於「通俗」）。在這裡值得辨明的是：所謂商業化的庸俗——其意義與型態非單一樣式，舉例而言，「故作風雅」是一種庸俗，「刻意標奇」亦是一種庸俗——晚明小品最大的病根在此——求眞反僞、求雅反俗，實爲一大弔詭。就近取東坡而言，試觀袁中道〈答蔡觀察元履〉⑤云：

> 令東坡之可愛者，多其小文小說；其高文大冊，人固不深愛也，使盡去之而獨存其高文大冊，豈復有坡公哉？

凌啓康〈刻蘇長公小品・序〉⑥云：

> 夫宋室文章風流藻采，至蘇長公而極矣。語語入玄，字字飛仙，其大者，恣韻瀉墨，有雪浪噴天，層巒遍地之勢，人即取之。其小者，命機巧中，有盆山蘊秀，寸草函奇之致，人或忽之。自茲拈出，遂使片楮隻言共爲珍寶，聖俞固長公千載之知己哉。

可見晚明小品只取東坡一隅而力效之，而所取之一隅尚爲東坡之「小」者，故自始路徑已狹，格局已限，則其發展終將日蹙，固可斷言。

綜結上述，商業化使晚明小品原本追求的精神完全失落，甚且變質。文學固不可自外於社會與群衆，但如何避免虛僞、浮誇、庸俗又是極爲重要的課題。翻開中國文學史，讓我們印象深刻的是，「政治」對文學的影響無遠弗屆、無孔不人；明代以後，一種新的影響因素明顯存在——

此即商業文化。時至今日，商業文化對文學的影響亦無遠無屆、無孔不入，文學作品的世俗口味愈來愈明顯；文學作品的形式與內容之隨俗屢遷亦愈使人目不暇給；文學是否具有永恆性？愈來愈教人懷疑。然則文學之發展究應如何研究、掌握？文學與商業化之間究應維持怎樣的關係？在在值得深思。其次，晚明小品學專東坡奇巧處，是另一種「定於一尊」、另一種「價值固定」。對文學而言，「定於一尊」「價值固定」正是斲喪生機的殺手。而以今日觀之，則因「商業」或「政治」因素形成一窩蜂的創作方向亦屢見不鮮——這事實上是一種新型態的「定於一尊」，則其作用與影響如何？也值得密切觀察。

二、特質

有關晚明小品之特質，已有定論，大抵不外「性靈」「趣味」。袁宏道〈敘小修詩〉⑦云：

大都獨抒性靈，不拘格套，非從自己胸臆流出，不肯下筆。有時情與境會，頃刻千言，如水東注，令人奪魄。其間有佳處，亦有疵處；佳處自不必言，即疵處亦多本色獨造語。

〈敘陳正甫會心集〉⑧云：

世人所難得者唯趣。趣如山上之色，水中之味，花中之光，女中之態，雖善說者不能下一語，唯會心者知之。

可見晚明小品追求的境界是「趣」，而最重要的前題是「獨抒性靈」；只要「獨抒性靈」，佳者固不必言，疵者亦無妨礙。我們稍加省思，不難理解其必生之流弊。蓋文學若僅以「趣」爲尙，則格調之高低、格局之大小姑先不論，而結果終不免「無趣」、「惡趣」，絕可預知。一意標舉「獨抒性靈」、「本色獨造」，且因此以「疵處」爲自得，則文學創作流於輕滑，文學之嚴肅性蕩然無存，文學作品反千篇一律無自家面貌，亦爲必然之結果。觀中國文學史，自元曲以下已入此僻陋之境，事實上固已反映傳統文學活力之日漸減退，故堂廡漸狹，江河日下。民國以來，新文學運動崛起，周作人追蹤性靈，獨宗晚明，影響似越一甲子而未已。但其間亦有須仔細思辨者：周作人宗晚明，倡小品，頗有反當時文學爲政治、社會服務之用意在，陳義雖正，但開出「閑散」一路，格局便不大，故經林語堂、至梁實秋以下，遂成絕響。⑨周氏若僅如此主張、如此創作，則充其量爲舊流之餘波，不能謂有功於新變，當然更談不上一代宗師；此其一。惟周氏所倡小品實即「雜文」⑩——「雜文」便無所不包，堂廡便可以爲大，故境界、格調均較晚明爲朗闊；加以堅定維護文學獨立自主之空間，古今中外、陽春下里兼爲所用，乃開出後人無限法門；此其二。前者爲周氏偏蔽處；後者則爲其卓偉處，不可不細辨。

三、反傳統

晚明小品具有反傳統精神，學者固已言之。⑪所謂反傳統，即輕「經制大編」、「高文大册」，而刻意重「小文小說」⑫。華淑《閑情小品・自序》⑬云：

長夏草廬，隨興抽檢，得古人佳言韻事，復隨意摘錄，適意而止，聊以伴我閒日，命曰《閒情》，非經非史非子非集，自成一種閒書而已。然而莊語足以警世，曠語足以空世，寓言足以玩世，淡言足以醒世，而世無有醒者，必曰此閒書不宜讀而已。人之避閒也如是哉？然而吾自成其非經非史非子非集之閒書而已。

頗足以反映明人作小品的沾沾之情。民國以來，評者對晚明這種擺落傳統的態度與作法，推崇者多，訴病者少，實在頗値斟酌。文學之發展固有盛有衰，不加變革則不足以起死回春，重現生機。但變革是否意謂反傳統？傳統是否應反、必反？傳統究應如何面對？在在都是應該思考的大問題。即以中國文學史論，成功之文學改革運動從未眞正以反傳統爲鵠的者，陳子昂之詩歌革新，韓愈之古文革新，皆爲著例。姑就韓文再予申說：

韓愈之古文絕非復古，實乃創新，前人論之已詳，無庸贅述。而韓文創新策略有似與晚明小品相同者——即捨「大」就「小」。近人錢穆云：

古人散文，除經史百家著爲專書者不論，自餘則爲奏策詔令，此皆原於尚書，當屬政治文件，雖亦於文有工有不工，然題材既先有限制，則不得謂之是純文學。唐人似多於此猶有不辨者，故《舊唐書．元稹白居易傳》史臣曰：「臣觀元之制策，白之奏議，極文章之壼奧，盡治亂之根荄。」此一意見，乃承散文舊傳統，以奏議制策之類爲朝廷大述作，而韓公之倡爲古文，則其意想中獨有新裁別出，固有非時人所能共曉者。⑭

又云：

> 然韓柳之倡復古文，其實與眞古文復異。一則韓柳並不刻意子史著述，必求爲學術專家；二則韓柳亦不偏重詔令奏議，必求爲朝廷文字。韓柳二公實乃承辭賦五七言詩盛興之後，純文學之發展已達燦爛成熟之境，而二公乃站於文學之立場，求取融化後起詩賦純文學情趣風神以納入短篇散文之中，而使短篇散文亦得侵入純文學之閫域，而確占一席之地。⑮

可知韓愈古文固不斤斤於舊傳統之價值觀，捨子史制策等「大」文，而別出新體，作短篇散文。但此間亦有值得辨明者，即：韓文雖不從散文舊傳統，惟其重點在突顯舊傳統之非「文學」，而以其實踐強調創作之應「文學化」；尤有進者，更轉承詩賦「傳統」而陰變爲文。故韓文之捨「大」爲「小」，與晚明小品本質有異，含意亦別，固不可同日而語矣。明季文人未省韓柳散文固已自舊傳統中變出新傳統，且亦復興古代「家言」傳統⑯，宋人踵事增華，蔚爲大國；其雖短篇，而「海涵地負，無所不有」，「放恣縱橫，無所統計」⑰，正宜自此傳統深入之而後尋求變出之；反悉予不顧，偏取仄徑，但就性靈趣味追求，故終無可觀。吾人反思韓文與晚明二者，當知就文學而言，傳統固不必反，亦不應反；面對「傳統」，正宜深入之而後變出之，文學發展乃能歷久彌新，生生不息。民國以來，新一代知識份子亦標舉反傳統旗幟，舊文化大體崩潰，新文化遂無由塑成。幸「文學」尚能不斷自省，其初雖反傳統，其繼則知當乳融轉化。故八十年來，唯文學最有可觀，漸形成一代面貌。然晚近又似有輕忽、嗤抑現象，值得注意。

上文分就晚明小品之取源、特質、反傳統三方面略申己意，對晚明小品頗有詆詰，其中主觀、偏見必然難免。但個人本意其實不在批判，乃是希望藉此觀察、反省文學流變中的種種現象與問題。我個人愈來愈認爲，文學之取源不可不正大——所謂「取法乎上」，才能恢弘格局；文學雖不必謂「經國之大業，不朽之盛事」，但堂廡不可不闊、境界不可不深、格調不可不高、氣質不可不肅。文學要能小中見大、淺中見深、平中見曲、卑中見高，萬不可衆口一辭——晚明小品追求「獨抒」性靈，結果所顯現的性靈幾乎千篇一律，自家面貌轉不可見，其實可悲。而文學生命欲萬古常新，則悠遠博厚之傳統永爲基礎，作者應求深入體會、掌握，不宜輕予忽視，更不宜反之、拒之。而政治、社會之環境與因素恆影響文學發展，如何看待？又如何與之應變？仍須創作者與研究者共同探索。

【附　註】

註① 例如：政治之窳敗、經濟之發達、社會風氣之奢靡墮落、文學社團與作品之繁多等，皆頗相類似。

註② 個人長期以來對有關文學發展的課題最有興趣，也最爲關心。而個人也堅定地認爲研究過去是爲了了解現代、規撫未來，故經常希望探索歷史進程中的現代意義。

註③ 參見陳少棠《晚明小品論析》第五章〈晚明「小品」的源流〉及陳萬益〈蘇東坡與晚明小品〉（分別收入氏著《晚明小品與明季文人生活》及淡大中文系主編《晚明思潮與社會變動》）。

註④ 參曹淑娟《晚明性靈小品研究》，臺大中文研究所博士論文。

註⑤《珂雪齋前集》卷廿三。

註⑥《蘇長公小品》卷首。

註⑦《袁中郎全集文鈔》。

註⑧同前註。

註⑨此處所謂絕響，非僅就五〇年代以降，中國大陸刻意反周氏之作而言，實亦括台灣數十年來散文發展事實。蓋周氏所開出之「閑散」風格，其神理韻味至梁實秋已後繼無人。晚近中國大陸雖又有倡此「閑散」者，然觀「台灣經驗」，則其後續發展，殊堪保留。

註⑩此處所謂「雜文」，不同於一般散文史所謂相對於「美文」之「雜文」。一般散文史習將魯迅、周作人兄弟所開之二路別爲「雜文」「美文」。實則周作人基本上視其作品爲無所不包之小品「雜文」——不同於其兄之「雜文」。而此種「雜文」意涵較近於李漢編韓昌黎集所稱之「雜文」——乃非可以一般體類所限之文也。

註⑪前揭陳少棠書即明白拈出此義。

註⑫「經制大編」語見沈光裕〈與友〉（周亮工《尺牘新鈔》卷十二）；「高文大册」、「小文小說」俱出文內所引袁中道〈答蔡觀察元履〉。

註⑬見朱劍心《晚明小品選註》，台北，台灣商務印書館。

註⑭見氏著〈雜論唐代古文運動〉，《新亞學報》三卷一期。亦收入氏著《中國學術思想史論叢》，台北，東大圖書公司。

註⑮ 同前註。

註⑯ 錢穆〈讀姚鉉唐文粹〉（收入氏著《中國學術思想史論叢》）云：「所謂韓柳古文運動，乃古者家言之復起，其用重在社會、在私家，不重在廟堂、在政府。

註⑰ 語出韓愈〈南陽樊紹述墓誌銘〉。

（原載《中華學苑》第四十八期，晚明小品專輯，臺北，國立政治大學中文系，一九九六年七月）